A vida perfeita
e
A direção da alma

Dados Internacionais de Catalogação na Publicação (CIP)
(Câmara Brasileira do Livro, SP, Brasil)

Boaventura, 1221-1274
  A vida perfeita e A direção da alma / São Boaventura ; tradução de um frade menor. – Petrópolis, RJ : Vozes, 2023. – (Série Clássicos da Espiritualidade)

Título original: Opera omnia S. Bonaventurae – De Perfectione vitae ad Sorores | De regimine animae
ISBN 978-85-326-6555-3

1. Cristianismo 2. Deus (Cristianismo) 3. Espiritualidade 4. Vida espiritual – Cristianismo – Obras anteriores a 1800 I. Título. II. Série.

23-164058   CDD-284.482

Índices para catálogo sistemático:
1. Vida espiritual : Autores católicos :
Cristianismo   284.482

Eliane de Freitas Leite – Bibliotecária – CRB 8/8415

São Boaventura

A vida perfeita
e
A direção da alma

Tradução do latim por um frade menor

Petrópolis

Tradução do original em latim intitulado
Opera omnia S. Bonaventurae – De Perfectione vitae ad Sorores |
De regimine animae

© desta tradução:
2023, Editora Vozes Ltda.
Rua Frei Luís, 100
25689-900 Petrópolis, RJ
Brasil

Todos os direitos reservados. Nenhuma parte desta obra poderá ser reproduzida ou transmitida por qualquer forma e/ou quaisquer meios (eletrônico ou mecânico, incluindo fotocópia e gravação) ou arquivada em qualquer sistema ou banco de dados sem permissão escrita da editora.

CONSELHO EDITORIAL

Diretor

Volney J. Berkenbrock

Editores

Aline dos Santos Carneiro

Edrian Josué Pasini

Marilac Loraine Oleniki

Welder Lancieri Marchini

Conselheiros

Elói Dionísio Piva

Francisco Morás

Gilberto Gonçalves Garcia

Ludovico Garmus

Teobaldo Heidemann

Secretário executivo

Leonardo A.R.T. dos Santos
Editoração: Maria da Conceição B. de Sousa
Diagramação: Monique Rodrigues
Revisão gráfica: Rubia Campos
Capa: Editora Vozes
Ilustração de capa: Lúcio Américo de Oliveira

ISBN 978-83-326-6555-3

Este livro foi composto e impresso pela Editora Vozes Ltda.

Sumário

Prefácio, 7

A vida perfeita, 13

Prefácio do tradutor, 15

Prólogo, 17

1 O verdadeiro conhecimento de si mesmo, 19

2 A verdadeira humildade, 24

3 A perfeita pobreza, 31

4 O silêncio, 38

5 O zelo da oração, 43

6 A memória da paixão de Cristo, 52

7 O perfeito amor de Deus, 62

8 A perseverança final, 66

A direção da alma, 73

Prefácio do tradutor, 75

A direção da alma, 77

Prefácio

O texto que o(a) leitor(a) tem em mãos foi escrito por volta de 1260 por São Boaventura de Bagnoregio a uma comunidade das Irmãs Pobres de Santa Clara (Clarissas), tendo sido endereçado muito provavelmente à Beata Isabel – irmã de São Luís IX, rei da França – fundadora e abadessa do Mosteiro de Longchamp[1].

Trata-se, portanto, de um texto dirigido a mulheres que viviam uma vida religiosa e contemplativa inspirada na espiritualidade de São Francisco de Assis e segundo a forma de vida de Santa Clara. Assim, Boaventura, que três anos antes havia sido eleito ministro-geral da Ordem dos Frades Menores, demonstra ter para com as Clarissas aquele "diligente cuidado e especial solicitude"[2] que Francisco havia lhes prometido por si e por todos os seus irmãos.

Os oito capítulos da obra, como sugere Pietro Maranesi, podem ser comparados à figura geométrica de um triângulo de cuja base partem seis linhas retas – correspon-

---

1. BOAVENTURA DE BAGNOREGIO. Opera Omnia. Studio et cura pp. Quaracchi. *Ad Claras Aquas prope Florentiam*, t. VIII, p. 107-127.

2. Forma de vida para Santa Clara, 2. In: TEIXEIRA, C.M. (org.). *Fontes franciscanas e clarianas*. Petrópolis: Vozes/FFB, 2004, p. 128.

dentes aos primeiros seis capítulos, assim intitulados: O verdadeiro conhecimento de si; A verdadeira humildade; A perfeita pobreza; O silêncio; O zelo da oração; e A memória da paixão de Cristo – de forma paralela e sucessiva, como sendas concomitantes direcionadas ao vértice superior constituído pela experiência do perfeito amor de Deus, tema do sétimo capítulo[3]. Já o oitavo capítulo, que trata da perseverança final, "descreve o cumprimento escatológico do caminho, quando se chegará ao banquete das núpcias eternas, onde a experiência mística se tornará experiência direta de Deus"[4].

Na obra, portanto, o Doutor Seráfico discorre sobre temas clássicos da espiritualidade monástica (conhecimento de si, humildade, silêncio, taciturnidade, oração etc.), apelando, além da Sagrada Escritura, também para a autoridade de grandes mestres da espiritualidade cristã, tais como Agatão do Egito, Beda o Venerável, Jerônimo, Agostinho, Gregório Magno, Anselmo de Cantuária, Bernardo de Claraval, Ricardo de São Vítor etc. Além disso, ao longo do opúsculo encontramos diversas citações de outras obras do próprio Boaventura ou de autores já por ele anteriormente citados, o que é prova da continuidade e da coerência interna do seu pensamento.

O caráter eminentemente franciscano da obra, no nosso entender, poderá ser percebido sobretudo naquelas temáticas caras à espiritualidade franciscana, tais como a

---

3. Cf. CAROLI, E. (org.). *Dizionario Bonaventuriano*. Pádova: Francescane, 2008, p. 99.

4. Ibid.

humildade e a pobreza, a propósito das quais o nosso autor faz referências explícitas a São Francisco e a Santa Clara (c. 2,7; c. 3,9). Tipicamente franciscana também é a centralidade da pessoa de Jesus Cristo, que atravessa toda a obra e cuja vida, paixão e morte se apresentam como a causa e o modelo por excelência de autêntica perfeição a ser considerado e seguido.

De fato, o conceito fundamental da obra é o de "perfeição", presente já no título. Este se repete ao longo do texto, especialmente como adjetivo, para qualificar realidades fundamentais para a perfeição da vida das Irmãs, tais como a humildade que, de fato, deve ser verdadeira ou perfeita (c. 2,2.5); ou seja, aperfeiçoar-se com a paciência (c. 2,7), e a pobreza, que é perfeita enquanto representa "o ápice da perfeição evangélica" (c. 3,1). A tal perfeição chega-se começando a partir de si memo(a) – vale dizer, da própria consciência (c. 1,1) – e seguindo-se necessariamente o caminho da caridade; virtude que, "sozinha, conduz o ser humano à perfeição" (c. 7,1).

Tal conceito, porém, não deve ser entendido simplesmente como sinônimo de perfeição moral – ou seja, de um comportamento irrepreensível ao qual o ser humano se impõe – mas de perfeição espiritual cristã – vale dizer, enquanto desejo de corresponder sempre melhor à graça do chamado ao seguimento do Cristo pobre, humilde e crucificado. Portanto, a perfeição de que fala Boaventura é a evangélica; ou seja, aquela que nos é proposta por Jesus Cristo, o que coloca esta obra em linha de grande continuidade com aquela outra escrita por ele poucos anos antes, a fim de conferir legitimidade teológica à forma de vida dos Frades Menores, intitulada, justamente, *A perfeição evangélica*[5].

A este tipo de perfeição, portanto, não se chega sem o zelo da devoção e da oração que Boaventura, de modo muito belo, compara a "um vaso com o qual se recolhe a graça do Espírito Santo da fonte daquela superabundante doçura, que é a Santíssima Trindade" (c. 5,5). Mais uma vez, aqui, Boaventura revela sua alma profundamente franciscana, remetendo-nos ao seu pai São Francisco, que recomendava a seus irmãos a, em tudo o que fazem, jamais deixarem extinguir o espírito da oração e devoção[6].

Evidentemente, nem tudo o que é dito no texto deverá ser tomado literalmente, nem mesmo pelas religiosas contemplativas franciscanas, pois este deve ser colocado em seu devido contexto histórico e eclesial, e algumas de suas concepções devem ser lidas à luz dos desenvolvimentos posteriores da espiritualidade cristã católica, especialmente da espiritualidade do Concílio Vaticano II e daquela pós-conciliar.

De qualquer modo, não obstante ser um texto medieval e primeiramente destinado às religiosas de vida contemplativa, se lido de acordo com o espírito como foi escrito – ou seja, em espírito de oração e devoção –, po-

---

5. A respeito da referida obra, seja-nos permitido remeter a um nosso estudo: *Perfeição evangélica – A teologia dos conselhos evangélicos de São Boaventura.* Petrópolis: Vozes, 2013.

6. Regra Bulada, 5,3. In: TEIXEIRA, C.M. (org.). *Fontes franciscanas e clarianas.* Op. Cit., p. 161. • Carta a Santo Antônio, 2. In: Ibid., p. 107.

derá certamente ser de grande inspiração para todos os que, independentemente da vocação ou estado de vida, buscam a perfeição evangélica ou, em outras palavras, viver com seriedade o evangelho de Jesus Cristo.

Roma, 27 de abril de 2023.
Frei Fábio Cesar Gomes, OFM

A VIDA PERFEITA

Prefácio do tradutor

O opúsculo *A vida perfeita*, do seráfico doutor São Boaventura, é uma joia de literatura ascética. O exposto nos oito capítulos são outras tantas bem-aventuranças para o religioso que sinceramente procura realizar em si o ideal a que Deus o chamou.

Toda a vida espiritual deve começar pelo *conhecimento de si mesmo* e acabar pela *perseverança*, que é o auge, a coroa. Duas escadas conduzem ao fim almejado: o *desapego* das criaturas e a *união* com Deus. Cada uma dessas escadas conduz por três degraus: o homem espiritual deve desapegar-se de si mesmo pela *humildade*, do mundo pela *pobreza* e dos homens pelo *silêncio*. Desta forma torna-se apto para se unir com Deus; união que alcançará pela *oração*, pela *lembrança da paixão de Cristo* e pelo *perfeito amor*. Eis em resumo o que São Boaventura expõe no presente tratado.

O santo doutor compôs este opúsculo a pedido da Bem-aventurada Isabella, cujo ofício a Ordem Franciscana celebra no dia 26 de fevereiro. Era irmã de São Luís, rei da França, fundadora e madre das Irmãs Menores reclusas do Convento de Longchamp, perto de Paris.

Esta circunstância explica as várias referências que o autor faz a São Francisco de Assis, a Santa Clara ou às ordens fundadas por São Francisco.

A Bem-aventurada Isabella morreu a 22 de fevereiro de 1270 e foi beatificada pelo Papa Leão X.

Prólogo

Bem-aventurado o homem a quem Tu, Senhor, instruí-res e na tua lei amestrares (cf. Sl 94(93),12).

1 Confesso que ninguém é sábio senão aquele que instrui a unção do Espírito Santo; porque, segundo o testemunho do Profeta Davi, só é verdadeiramente bem-aventurado, verdadeiramente sábio, aquele cuja mente o Senhor doutrinou, cujo coração amestrou em sua lei. É porque somente *a lei do Senhor é imaculada* (cf. Sl 19(18),8), irrepreensível e somente ela *converte as almas* à salvação.

O conhecimento e a compreensão desta lei cumprem procurar não tanto por fora nos livros, mas no nosso interior, pelo afeto de um devoto coração. Deve-se, porém, desejá-la no *espírito* e no *poder* (cf. 1Ts 1,5) para que nos instrua aquele que sabe transformar, só Ele, a aspereza exterior da lei em doçura interior.

A lei do Senhor ensina o que *fazer*, a que *fugir* e o que *temer*. Ela ensina a ser puro e irrepreensível, a guardar o prometido e a chorar o cometido, a desprezar o mundo e a renunciar aos prazeres da carne.

Ela, finalmente, ensina a dirigir para Jesus Cristo todo o coração, toda a alma, toda a mente. Em comparação com estes ensinamentos, toda a sabedoria do mundo é estultícia e loucura. "Afirme quem quiser, eu não chamarei sábio a quem não tente nem ama a Deus." Assim diz São Bernardo.

Entretanto, não aquele que ouve esta doutrina e depois a esquece, mas somente quem for um zeloso cumpridor da lei, este é verdadeiramente sábio, verdadeiramente bem-aventurado.

2 Tu me pediste, caríssima e reverenda madre, a Deus consagrada, escrever da pobreza de meu coração alguma coisa com que, de vez em quando, possas instruir o teu espírito para a tua devoção. Devo confessar, porém, que na minha insuficiência necessito mais de semelhante instrução do que tu, principalmente porque nem na minha vida exterior refulge o esplendor da virtude, nem no meu íntimo arde a devoção, nem a ciência me favorece. Contudo, hei de aceder a teu devoto desejo e com quanto fervor me pediste, com tanta humildade nisto te obedeço.

Peço-te, porém, reverenda madre, considerares mais a minha boa vontade do que o trabalho feito, mais a verdade do exposto do que a beleza da linguagem. E se menos bem satisfiz o teu desejo, em virtude do pouco tempo que me deixam as ocupações, queiras benignamente desculpar e perdoar.

Para que possas achar facilmente o que procures, darei aqui o título dos diversos capítulos:

1

O verdadeiro conhecimento de si mesmo

1 A esposa de Cristo que deseja elevar-se até ao cimo da perfeição, há de principiar por si mesma; isto é, esquecida de todas as coisas exteriores, deve penetrar no íntimo de sua consciência e ali discutir, examinar e ver, com diligente cuidado, todos os defeitos, todos os hábitos, todas as inclinações, todas as obras, todos os pecados passados e presentes. Se achar em si alguma coisa menos reta, chore-a sem demora na amargura de seu coração. E para melhor chegares, reverenda madre, a este conhecimento, sabe que todos os nossos pecados e males cometemo-los ou por *negligência*, ou por *concupiscência*, ou por *malícia*.

Acerca destas três coisas, pois, deve versar o exame de todos os teus males; de outra forma jamais poderás chegar ao perfeito conhecimento de ti mesma.

2 Portanto, se desejas conhecer a ti mesma e chorar os males cometidos, deves primeiro refletir se há ou houve em ti alguma *negligência*. Examina-te sobre a negligência com que vigias o teu *coração*, sobre a negligência com que passas o *tempo*, e examina-te também se em alguma obra não tens *intenção* pecaminosa.

Estas três coisas cumpre observar com o maior cuidado: vigiar bem o *coração,* empregar utilmente o *tempo* e prefixar a toda obra um *fim* bom e conveniente.

Igualmente deves refletir sobre a negligência que tiveste na *oração,* na *leitura* e na *execução da obra*; porque nestas três coisas deves te exercer e aperfeiçoar com afinco, se queres produzir e dar bom fruto a seu tempo. Tão intimamente estas três coisas estão unidas, que de forma alguma é suficiente uma sem a outra. Outrossim, cumpre refletires sobre quanto és ou foste negligente em fazer *penitência,* em *lutar* e em *progredir*; porque é mister *chorar,* com suma diligência, os males cometidos, *repelir* as tentações diabólicas e *progredir* de uma virtude para outra, para que possas chegar à terra prometida.

Desta forma, pois, o exame se ocupa com a *negligência.*

3 Se, porém, desejas conhecer-te melhor, deves, em segundo lugar, refletir se em ti dominou ou domina a *concupiscência* da *voluptuosidade,* da *curiosidade* ou da *vaidade.* Certamente então reina no homem religioso a concupiscência da *voluptuosidade* quando deseja coisas *doces,* isto é, manjares saborosos; quando deseja coisas *moles,* isto é, vestidos deliciosos; quando deseja coisas *carnais,* isto é, prazeres luxuriosos.

A concupiscência da *curiosidade* existe na serva de Deus quando deseja *saber coisas secretas,* quando deseja *ver coisas belas,* quando deseja *possuir coisas raras.*

A concupiscência da *vaidade,* porém, impera na esposa de Cristo quando deseja o *favor* dos homens, quando busca o *louvor* humano, quando almeja *honra* diante dos homens. Como veneno deve a serva de Cristo fugir a tudo isso, porque é tudo isso a raiz de todo o mal.

4 Em terceiro lugar, se queres ter conhecimento certo de ti mesma, deves diligentemente refletir se há ou houve em ti a *malícia* da *iracúndia*, da *inveja*, da *preguiça*. Ouve, caríssima irmã, o que digo solicitamente.

No homem religioso existe a *iracúndia* quando no espírito, no coração, no afeto, nos sinais, no semblante, na palavra ou no clamor mostra a seu próximo indignação do coração, por mais leve que seja, ou *rancor*.

A *inveja* reina no homem quando se alegra com a desgraça do próximo e se entristece com a sua prosperidade, quando sente prazer com os males do próximo e desfalece com a sua felicidade.

A *preguiça* reina no religioso quando é tíbio, sonolento, ocioso, lerdo, negligente, frouxo, dissoluto, indevoto, triste e tedioso. Tudo isto a esposa de Cristo deve detestar e fugir como veneno mortífero, porque nestas coisas consiste a perdição do corpo e da alma.

5 Se, portanto, caríssima serva de Deus, queres chegar ao perfeito conhecimento de ti mesma, "torna a ti mesma, entra no teu coração, aprende a conhecer o teu espírito. Vê o que *és*, o que *foste*, o que *devias ser*, o que *podias ser*: o que *foste* pela natureza, o que agora *és* pela culpa, o que *devias ser* por teu trabalho, o que ainda *podes ser* pela graça"[8].

Ouve, ainda, caríssima madre, ouve o Profeta Davi, como ele se faz o teu exemplo: *Meditei,* diz ele, *de noite no meu coração, exercitei-me e espanei o meu espírito* (cf. Sl 77(76),7). Meditava, ele, no seu coração; medita

---

8. Tratado da casa interna, cap. 36, n. 76 (dentre as obras de São Bernardo).

também tu no teu coração. Espanava ele o seu espírito; espana também tu o teu espírito; trabalha nesse campo, presta atenção a ti mesma.

Se com insistência fazes este exercício, sem dúvida acharás um precioso tesouro escondido. Pois em virtude deste exercício, cresce a plenitude do ouro, a ciência é multiplicada e aumentada a sabedoria.

Com este exercício purificam-se os olhos do coração, aguça-se o engenho, dilata-se a inteligência. De nada faz um reto juízo quem não conhece a si mesmo, quem não pensa na sua dignidade. Desconhece por completo que opinião deva fazer do espírito angélico e do divino quem não reflete antes sobre o seu próprio espírito. Se ainda não és capaz de entrar em ti mesma, como serás capaz de te elevares a coisas que são acima de ti? Se ainda não és digna de entrar no primeiro tabernáculo, com que cara presumes entrar no segundo tabernáculo?[9]

6 Se desejas elevar-te, como São Paulo, ao segundo e terceiro céus, hás de passar pelo primeiro; isto é, pelo teu coração. O modo como possas e devas fazê-lo suficientemente, eu te ensinei acima. Mas também São Bernardo otimamente te informa quando diz: "Se queres conhecer o estado de tua perfeição, examina em

---

9. Entende-se melhor a passagem citada de São Vítor a partir do que São Boaventura diz em seu *Itinerário da mente a Deus* (c. 5, n. 1), onde ele distingue um tríplice modo de contemplar a Deus: *fora de nós,* pelos vestígios que ali encontramos de Deus; *dentro de nós*, pela imagem de Deus, que é a alma com suas potências e faculdades; *acima de nós*, pela luz que resplandece sobre nós (cf. Sl 4,7). E acrescenta: "os que se exerceram no primeiro modo já entraram no *adro* do tabernáculo; os que, no segundo, entraram no *santo*; mas os que, no terceiro, entraram com o sumo pontífice no *santo dos santos*". Cf. Ex 25,28, onde se descreve o tabernáculo.

discussão constante a tua vida e reflete diligentemente quanto te adiantas e quanto te atrasas, quais são os teus costumes, quais as tuas inclinações, quão semelhante ou dissemelhante és a Deus, quão perto ou quão longe".

Oh!, como é grande o perigo do religioso que quer saber muitas coisas, mas não tem verdadeiro e sincero desejo de conhecer a si mesmo! Oh!, como está prestes a perder-se o religioso que é curioso em conhecer as coisas, solícito em julgar as consciências dos outros, mas ignora e desconhece a própria!

Ó meu Deus, de onde tanta cegueira num religioso? Eis, a causa é patente; ouve-a. Porque a mente do homem é distraída pelos *cuidados*, não entra em si pela *memória*; porque é anuviada por *fantasias*, não torna a si pela *inteligência*; porque é arrastada por *concupiscências ilícitas*, jamais se restaura pelo *desejo* da suavidade íntima e da alegria espiritual.

Por isso jaz totalmente submerso nessas coisas sensíveis, é incapaz de entrar em si mesmo e penetrar até à imagem de Deus no seu íntimo. Desta forma o espírito lhe reduz à miséria: ignora e desconhece a si mesmo.

Procura, pois, lembrares de ti e conheceres a ti mesma, deixando de lado tudo o mais. Isto também pedia São Bernardo, dizendo: "Deus me dê a graça de não saber outra coisa senão que conheça a mim mesmo".

2

A verdadeira humildade

1 O efeito necessário da consideração dos próprios defeitos com os olhos do coração é *humilhar-se sob a poderosa mão de Deus* (cf. 1Pd 5,6). Por isto te exorto, serva de Cristo, que, depois de teres adquirido um conhecimento exato dos teus defeitos, muito humilhes o teu espírito e te tornes vil a teus próprios olhos; pois "a humildade é uma virtude, como diz São Bernardo, pela qual o homem, conhecendo-se verdadeiramente a si mesmo, torna-se vil a si mesmo". Em virtude de tal humildade, tornou-se vil a seus próprios olhos nosso pai São Francisco. Esta humildade amou e procurou desde o início de sua vida religiosa até o fim. Por ela deixou o mundo, fez-se arrastar em andrajos pela cidade, serviu aos leprosos, manifestou os seus pecados nas pregações e mandou que o exprobrassem.

Esta virtude, caríssima madre, deves aprender principalmente do Filho de Deus, porque Ele diz: *Aprendei de mim, que sou manso e humilde de coração* (cf. 11,29). "Quem reúne virtudes sem a humildade, adverte São Gregório, é como quem espalha pó ao vento."

Como o princípio de todo o pecado é a soberba, assim, o fundamento de todas as virtudes é a humildade.

Aprende, porém, a ser humilde na *verdade*, não fingidamente, como esses que maldosamente se humilham, como os hipócritas, dos quais diz Eclo 19,23: *Há quem maldosamente se humilha e o seu íntimo está cheio de dolo.* Diz São Bernardo: "O verdadeiro humilde sempre quer ser reputado como vil, não elogiado como humilde".

2 Se, pois, caríssima irmã, queres chegar à perfeita humildade, cumpre que trilhes um tríplice caminho.

O primeiro caminho é a *meditação de Deus.*

Deves, pois, considerar a Deus como o autor de todos os bens. Ora, se Ele é o autor de todos os bens, cumpre confessarmos: *Todas as nossas obras, Tu, Senhor, operaste em nós* (cf. Is 26,12). A Ele, por isto, deves atribuir todo o bem, e nada a ti, considerando que *não a tua força ou a virtude de tua mão* (cf. Dt 8,17s.) fez os bens que possues, porque o *Senhor nos fez, e não nós mesmos* (cf. Sl 100(99),3). Semelhante consideração destrói toda a soberba dos que dizem: *A nossa mão é excelsa, e não o Senhor fez tudo isto* (cf. Dt. 32,27). Esta soberba excluiu lúcifer da glória do céu. Não considerava lúcifer que fora feito do nada, mas antes olhou para sua beleza e formosura; viu-se, por assim dizer, *coberto de todas as pedras preciosas* (cf. Ez 28,13), e a soberba de seu coração o elevou. E como a *humilhação segue o soberbo* (cf. Pr 19,23), imediatamente foi precipitado do trono de sua nobreza para o lugar de extrema vileza, e quem anteriormente foi excelentíssimo entre os anjos, foi feito misérrimo entre os demônios.

3 Oh!, quantos luciferianos há hoje – isto é, imitadores e imitadoras de lúcifer, filhos e filhas da soberba – que o Senhor tolera pacientemente, quando, contudo, "mais tolerável seria a soberba num rico do que num pobre", como diz São Bernardo na explicação dos Cânticos.

É necessário, pois, que a serva de Cristo, devendo ocupar o lugar do anjo expulso, seja sempre muito humilde, porque só a humildade agrada a Deus, seja no anjo, seja no homem.

Não penses que a virgindade agrada a Deus sem a humildade; certamente, nem Maria seria a mãe de Deus se tivesse tido em si a soberba. Por isso, diz São Bernardo: "Ouso dizer que, sem humildade, nem a virgindade de Maria teria agradado a Deus".

A humildade, pois, é uma virtude tão necessária, que sem ela não somente inexista virtude, mas também a própria virtude se adultera em soberba.

4 O segundo caminho é a *lembrança de Cristo.*

Deves te lembrar que Cristo foi humilhado até ao vituperabilíssimo gênero de morte; foi humilhado a ponto de ser olhado como um leproso. Pelo que, disse o Profeta Isaías: *Reputamo-lo como um leproso e humilhado por Deus* (cf. 53,4). Cristo foi humilhado tanto e tão completamente, que mesmo no seu tempo homem algum foi julgado mais vil. Daí a palavra do mesmo profeta: *Na humilhação foi tirado o seu juízo*[10], como se dissesse: Tanta foi a sua humilhação, tanto o desprezo contra Ele, que ninguém fez dele um juízo reto, ninguém acreditou ser

---

10. Segundo o texto da Septuaginta.

Ele Deus. Se, portanto, o próprio *Nosso Senhor e Mestre* diz: *Não é o servo maior do que o Senhor, e o discípulo não é superior ao Mestre* (cf. Jo 13,14.16), também tu deves te considerar vil, desprezível e humilde se, aliás, desejas ser uma serva de Cristo.

Oh!, como é abominável aos olhos de Deus o religioso que veste um hábito humilde e possui um coração soberbo! Oh!, como é inútil o cristão que, vendo o Senhor desprezado e humilhado, exalta o seu coração e anda em grandezas e magnificências acima de sua condição!

Se o Altíssimo se fez o ínfimo, o Imenso se fez pequeno, que coisa mais detestável numa esposa de Cristo do que engrandecer-se, quando ela é apenas um corpo sujeito à podridão e condenado a ser o pasto dos vermes?

Com justa razão Santo Agostinho a ela se dirige, dizendo: "Ó pele morta, por que te expandes? Ó pus fétido, por que te inchas a cabeça humilde e o membro soberbo?" Na verdade, ele quer, não tem cabimento semelhante coisa.

5 O terceiro caminho que deves trilhar, para chegar à perfeita humildade, é *refletires sobre ti mesma.*

Então, refletes sobre ti, caríssima madre, quando meditas sobre *de onde vieste para onde vais.* Considera, pois, de onde vieste, e verás que foste feita da *massa da perdição* e do *pó e barro da terra,* que *viveste em pecados* e és *desterrada* da bem-aventurança do paraíso.

Esta consideração expulsa o espírito de soberba e o exclui a ponto de clamares com os três jovens de que fala Dn 3,37: *Somos hoje humilhados sobre toda a terra por causa de nossos pecados.*

Reflete também sobre *aonde vais*; isto é, para a corrupção e decomposição, porque *és pó e em pó hás de tornar* (cf. Gn 3,19). Por que, pois, te *ensoberbeces, terra e cinza?* (cf. Eclo 10,10). Hoje existes, amanhã talvez não vivas mais; hoje és sadia, amanhã talvez enferma; hoje és sábia, amanhã talvez estulta; hoje és cheia de virtudes, amanhã talvez mendiga e miserável. Qual, portanto, o cristão, digno de compaixão, que ouse orgulhar-se, quando por toda a parte se vê rodeado de tantas misérias e calamidades?

6 Aprende, por isso, virgem consagrada, a ter um humilde espírito, um humilde andar, humildes sentidos, um humilde vestido; pois é somente a humildade que mitiga a ira divina e encontra graça diante de Deus.

Por maior que sejas, humilha-te em tudo e acharás graça diante de Deus (cf. Eclo 3,20). Desta maneira, Maria achou graça diante do Senhor, como ela mesma confessa nas palavras: *Olhou para a humildade de sua serva* (cf. Lc 1,48). Nem é de admirar, porque a humildade prepara um lugar ao amor e esvazia o espírito da vaidade. Pelo que, diz Santo Agostinho: "Quanto mais vazios somos da inflação da soberba, tanto mais cheios somos do amor".

E como a água desce aos vales, assim a graça do Espírito Santo desce aos humildes; e como a água com tanto mais impetuosidade corre quanto mais desce, assim quem anda com um coração todo humilde mais se aproxima do Senhor para que alcance graça.

Por isso, diz o Eclesiástico: *A oração de quem se humilha penetra as nuvens, e não se consolará enquanto não se aproximar do Altíssimo, porque o Senhor cumprirá a vontade dos que o temem e atenderá à sua oração* (cf. Eclo 35,21 e Sl 145(144),19).

7 Sede, pois, servas de Deus, escravas de Cristo; sede humildes, de forma tão perfeita, que *nunca permitais dominar a soberba nos vossos corações,* porque tivestes um mestre humilde; isto é, Nosso Senhor Jesus Cristo. Porque tivestes um pai humilde; isto é, São Francisco. Sede humildes, porque tivestes uma mãe humilde; isto é, Santa Clara, o exemplo da humildade.

Sede, porém, humildes, fazendo com que a *paciência* seja o testemunho da vossa humildade, porque esta virtude se torna perfeita pela paciência. Nem é verdadeira a humildade que não tenha por companheira a paciência. Muito bem atesta Santo Agostinho: "É fácil colocar o véu diante dos olhos, usar vestidos pobres e desprezíveis, andar com a cabeça inclinada; mas a pedra de toque da verdadeira humildade é a paciência", conforme se lê em Eclo 2,4: Na tua humildade, tem paciência.

Mas ai!, com mágoa dolorosa devo dizê-lo, há muitos que pretendem orgulhar-se no claustro, embora no mundo houvessem sido de condição humilde. Pelo que diz São Bernardo: "Vejo, e isto muito lamento, que alguns, depois de desprezar a pompa do mundo, aprendem mais na escola da humildade a soberba, e sob as asas do manso e humilde mestre mais arrogantes e mais impacientes se tornam no claustro do que eram no século. E o que é ainda mais perverso: muitos não sofrem a menor desconsideração na casa de Deus, quando em sua própria casa não tinham de esperar senão desprezo".

Por isto aconselho-te, caríssima madre, aconselho as tuas filhas e a todas as virgens consagradas a Deus, que procurem guardar a virgindade na humildade e a humildade na virgindade, porque a virgindade de par com a humildade é uma gema engastada em ouro. Por isso, diz São Bernardo: "Bela união a da virgindade com a humildade. Não pouco agrada a Deus a alma na qual a humildade recomenda a virgindade e a virgindade orna a humildade". – Ouve, finalmente, o conselho de teu irmão. Ouve-o, madre, e que te agrade!

Foge das servas orgulhosas como víboras, despreza as virgens soberbas como veneno mortífero. E por quê? Ouve a razão. Um certo sábio assim descreve o soberbo: "Todo o soberbo é intolerável, no vestir ama a superfluidade, anda pomposamente, o seu pescoço é levantado, o semblante severo, os olhos são ameaçadores, faz questão do lugar mais honroso, quer ser preferido mesmo aos melhores, eleva suas opiniões, palavras e obras, e, nos próprios obséquios que presta, mal esconde o menosprezo dos demais"[11].

Por isso, serva de Deus, esposa de Cristo, virgem do Senhor, deves fugir da intimidade com os soberbos para te não tornares semelhante a eles, pois, diz o Eclo 13,1: *Quem priva com soberbos se tornará soberbo.*

---

11. Julião Pomério.

3

A perfeita pobreza

1 Também a virtude da pobreza é necessária à perfeição. Sem ela ninguém pode ser perfeito, como atesta Nosso Senhor, que no Evangelho diz: *Se queres ser perfeito, vai e vende tudo quanto tens e dá-o aos pobres* (cf. Mt 19,21).

Daí se vê que o cimo da perfeição evangélica consiste na excelência da pobreza. Não creia, portanto, ter chegado ao auge da perfeição quem ainda não é um imitador perfeito da pobreza evangélica. Porque Hugo de São Vítor diz: "Por grande que seja a perfeição dos religiosos, não é, contudo, uma perfeição acabada se neles faltar o amor à pobreza".

2 Duas coisas há que a qualquer religioso, e mesmo a qualquer pessoa, devem estimular o amor à pobreza. A primeira é o *exemplo divino,* que é irrepreensível; a segunda é a *promessa divina,* que é inestimável.

O primeiro, pois, que em ti, serva de Cristo, deve inflamar o amor à pobreza, são o amor e o exemplo de Nosso Senhor Jesus Cristo, pois Ele foi pobre no *nascimento,* pobre na *vida,* pobre na *morte.*

3 Vê que *exemplo de pobreza* te deixou para que tu, pelo seu exemplo, faças-te amiga da pobreza.

Pobre foi Nosso Senhor Jesus Cristo *nascendo*, a ponto de não ter casa, nem veste, nem alimento; mas um estábulo era sua casa, vis panos as suas vestes e um pouco de leite, dado por uma virgem, o seu alimento.

Daí o suspiro do Apóstolo São Paulo que, considerando essa pobreza, exclama: *Conheceis a graça de Nosso Senhor Jesus Cristo que, sendo rico, se fez pobre por vosso amor, a fim de que vós fôsseis ricos pela sua pobreza* (cf. 2Cor 8,9). E São Bernardo diz: "Havia no céu eterna afluência de todos os bens, mas não se encontrava aí a pobreza. Na terra, porém, abundava e superabundava a pobreza, e o homem não conhecia o seu valor. Desejando-a, desceu o Filho de Deus para escolhê-la para si e para torná-la preciosa pela sua estimação".

4 Nosso Senhor Jesus Cristo ofereceu-se a nós como exemplo de pobreza, também *durante a vida no* mundo.

Ouve, virgem consagrada, ouvi vós todos que professastes a pobreza, quão pobre foi o Filho de Deus, o Rei dos anjos, durante toda a sua vida. Tão pobre foi que, às vezes, não encontrando abrigo, era obrigado a dormir com os seus apóstolos fora da cidade e vilas.

Por isso refere o Evangelista São Marcos: *Depois de tudo observar, como já era tarde, saiu com os Doze para Betânia* (cf. 11,11). Sobre este texto diz São Beda: "Ele olhou ao seu redor para ver se alguém o receberia em sua casa, porque tanta era a sua pobreza e tão pouco obséquio encontrava, que em tão grande cidade nenhum abrigo achou". E Mateus diz: *As raposas têm covas, as aves do céu têm ninhos; o Filho do homem, porém, não tem onde reclinar a sua cabeça* (cf. 8,20).

5 O Senhor dos Anjos não somente foi pobre ao nascer, não somente pobre durante a vida, mas, para acender em nós o amor à pobreza, foi paupérrimo *na morte.*

Vós todos, que fizestes voto de pobreza, *atendei e vede* (cf. Lm 1,12) quão pobre se fez ao morrer por nosso amor esse rico Rei dos céus! Foi despido e privado de tudo quanto possuía. Foi, digo, despido de suas vestes quando as *dividiram [as suas vestes] e lançaram a sorte sobre a sua túnica* (cf. Mt 27,35). Foi privado *do corpo e da alma* quando a sua alma se separou do corpo nas cruciantíssimas dores da morte. Foi também privado da *divina glória* quando *não o glorificavam como Deus* (cf. Rm 1,25), mas tratavam-no como a um malfeitor, como Jó se queixa: *Roubaram a minha glória* (cf. Jó 19,9).

Dos exemplos de tanta pobreza fala São Bernardo, dizendo: "Vede o pobre Cristo, nascendo sem casa, deitado num presépio entre um boi e um jumento, envolto em vis paninhos, fugindo para o Egito, sentado sobre um jumento, dependurado nu no patíbulo".

6 Como, pois, poderá haver um cristão tão miserável, como poderá haver um religioso tão estulto e cego, que ainda ame as riquezas e que despreze a pobreza, quando vê e ouve que Deus, o Senhor do mundo, o Rei dos céus, o Unigênito de Deus, sofreu as privações de tanta pobreza? É, na verdade, uma perversidade muito grande, diz São Bernardo, querer ser rico o vil animalejo, por amor a quem o Deus de majestade, o Senhor Sabaoth quis tornar-se pobre. Procure as riquezas o pagão, que vive sem Deus; procure as riquezas o judeu, que recebeu promessas terrenas, mas tu, virgem de Cristo, tu, serva do Senhor, como poderás buscar riquezas quando professaste a pobreza, quando vives entre os pobres de Jesus Cristo, quando pretendes ser filha do pobre pai Francisco, quando prometeste ser imitadora da pobre mãe Clara?

Sobremodo, caríssima irmã, é de envergonhar a tua e a minha avareza, porque, tendo professado a pobreza, mudamos a pobreza em avareza, apetecendo o que não é lícito, desejando o que a regra proíbe, quando o Filho de Deus *se fez pobre por nossa causa* (cf. 2Cor 8,9).

7 Não padece dúvida que, quanto mais fervorosas amantes fordes da pobreza professa, quanto mais perfeitas imitadoras da pobreza evangélica, tanto mais abundância tereis de todos os bens, quer temporais, quer espirituais.

Se, porém, fizerdes o contrário, se desprezardes a pobreza que professastes, haveis de carecer de todos os bens, assim temporais como espirituais.

Maria, a pobre mãe do pobre Jesus, diz: *Os famintos encheu de bens e os ricos deixou vazios* (cf. Lc 1,53). A mesma coisa atesta o santo Profeta Davi dizendo: *Os ricos sofrem fome e necessidades, mas aos que procuram o Senhor não faltará nenhum bem* (cf. Sl 34,33(11)).

Porventura não lestes, porventura não ouvistes Nosso Senhor Jesus Cristo recomendar no Evangelho de São Mateus a seus apóstolos: *Não sejais solícitos dizendo: Que comeremos, ou que beberemos? Pois vosso Pai sabe do que tendes necessidade* (cf. 6,31s.).

Ouve também o que lhes diz no Evangelho de São Lucas: *Quando vos enviei sem bolsa, sem alforge e sem calçado, porventura vos faltou alguma coisa? E eles responderam: Nada* (cf. 22,35). Se, pois, o Senhor alimentou no meio dos duros e incrédulos judeus os seus discípulos, sem que estes necessitassem prover-se por própria solicitude, será de admirar se alimenta no meio dos fiéis cristãos os Frades Menores que professam a mesma perfeição? Será de admirar se alimenta as pobres Irmãs, imitadoras da pobreza evangélica? *Portanto, lançai nele toda a vossa solicitude, porque Ele tem cuidado de vós* (cf. 1Pd 5,7).

8 Sendo, pois, tanta a solicitude de Deus, nosso Pai, a nosso respeito, tanto o seu cuidado de nós, é de admirar que essas coisas temporais, essas coisas vãs e perecedouras nos arrastem a dirigir-lhes toda a nossa preocupação. Certamente não acho outra explicação senão a avareza, que é a mãe da confusão e também da condenação. Não encontro outra causa senão que em nossas afeições nos afastamos muito de Deus, nossa salvação (cf. Dt 32,15). Não há outra causa senão porque o fervor do amor divino arrefeceu e gelou dentro de nós (cf. Mt 24,12). Na verdade, se fôssemos bastante fervorosos, haveríamos de seguir a Cristo nus[12]; porque os homens, quando sentem grande calor, costumam desnudar e despir-se. É sinal de grande frieza nossa sermos atraídos por essas coisas temporais.

Ó meu Deus! Como poderemos ser tão duros para com Jesus, o qual *saiu de sua terra* – isto é, do céu –, *de seu parentesco* – isto é, do meio dos anjos – e *da casa*

---

12. São Jerônimo, ep. 125, n. 20.

de seu Pai (cf. Gn 12,1) – isto é, do seio do Pai –, fazendo-se pobre, abjeto e desprezado por nós? E nós recusamos a abandonar, por amor a Ele, um mundo fétido e miserável? É verdade que com o corpo deixamos o mundo, mas ai!; todo o nosso coração, toda a mente, todo o nosso desejo são ocupados e absorvidos pelo mundo.

9 Ó feliz serva de Deus, lembra-te da pobreza do pobre Nosso Senhor Jesus Cristo, grava no teu coração a pobreza do teu pobre pai São Francisco, pensa na pobreza de tua mãe Santa Clara, e entrega-te à pobreza, com todo o zelo, com todos os esforços. Abraça a tua senhora a pobreza nem queiras amar, pelo nome do Senhor, outra coisa debaixo do céu senão a pobreza.

Não procures a honra, não alguma coisa temporal, não as riquezas; mas observa fielmente a santa pobreza que prometeste guardar.

Ter e amar riquezas é infrutuoso; amar e não ter é perigoso; ter, porém, e não amar é laborioso. Portanto, é mais útil, mais seguro e mais agradável e obra de perfeita virtude não ter riquezas nem as amar.

Por isso o conselho do Senhor, assim como o seu exemplo a respeito da pobreza, devem mover e inflamar todo o cristão a amá-la. Ó bem-aventurada pobreza! Quão agradável a Deus fazes o teu amante e quão seguro neste mundo! "Quem, diz São Gregório, não tem no mundo o que ama não encontra no mundo o que deva temer."

Lê-se na *Vida dos padres* que um certo pobre irmão tinha uma só esteira, com a metade da qual se cobria de noite, servindo a outra metade de colchão. Uma noite, em tempo de muito frio, o superior do mosteiro ouviu-o exclamar: "Graças vos dou, Senhor, quantos ricos estão agora no cárcere, não obstante sua riqueza, quantos em grilhões e atados, quantos com grilhetas aos pés; eu, porém, sou como um imperador, uso livremente dos meus pés e ando por onde quero". – Assim tens, caríssima irmã, o primeiro; isto é, o *exemplo* da pobreza.

10 O *segundo,* que te deve inflamar ao amor da pobreza é a *promessa divina,* que é inestimável. Ó bom Senhor Jesus, *rico para todos* (cf. Rm 10,12), quem pode dignamente exprimir com palavras, sentir no coração ou com a pena descrever, aquela glória celeste que prometeste dar aos teus pobres? Eles não merecem, com a sua pobreza voluntária, *tomar parte na glória do Criador?*[13] Não merecem *entrar nas potências do Senhor,* naqueles tabernáculos eternos, naquelas lúcidas mansões? Ah! sim. Merecem tornar-se cidadãos dessa cidade da qual Deus é o artífice e fundador. Tu mesmo, com a tua boca bendita, prometestes: *Bem-aventurados os pobres de espírito, porque deles é o Reino dos Céus* (cf. Mt 5,3). O Reino dos Céus não é outra coisa senão Tu mesmo, Senhor Jesus Cristo, que és *o Rei dos reis e o Senhor dos senhores* (cf. 1Tm 6,15). A ti mesmo darás como prêmio, como recompensa e gozo. A ti hão de gozar, em ti se regozijarão, em ti hão de saciar-se. Pois comerão os pobres, ficarão todos fartos e louvarão ao Senhor os que o procuram; os seus corações viverão por todos os séculos dos séculos. Amém.

---

13. São Gregório.

4

O silêncio

1 Um dos meios principais para chegar à perfeição na vida religiosa é a virtude do silêncio.

Assim como *no falar muito não faltará o pecado* (cf. Pr 10,19), falar pouco e raramente faz com que o homem se preserve do pecado. E se a consequência do demasiado falar frequentemente é a ofensa de Deus ou do próximo, o silêncio, por sua vez, nutre a justiça, da qual nasce como de uma árvore o fruto da paz. Daí, sendo a paz sumamente necessária aos religiosos, igualmente é necessário o silêncio, pelo qual é conservada a paz, tanto do coração como do corpo. Por isso diz o Profeta Isaías ao considerar o poder do silêncio: *A obra da justiça é a paz, e o culto da justiça é o silêncio* (cf. Is 32,17); como se dissesse: tanto é o poder do silêncio que conserva no homem a justiça para com Deus e entre o próximo nutre e guarda a paz. Se o homem não põe com muito cuidado *um guarda à sua boca* (cf. Sl 39(38),2), não somente bem cedo dissipará as graças que recebeu, mas há de cair em muitos males.

A língua, como diz São Tiago em sua epístola, *é apenas um pequeno membro, mas produz coisas grandes, e depois continua dizendo: Nossa língua é um fogo, é o con-*

junto de toda a iniquidade (cf. Tg 3,5s.). Acrescentando a interpretação de São Beda: "Por ela quase todos os crimes são combinados ou cometidos". Se queres ouvir, serva de Deus, se queres saber quantos males a língua produz, se não é guardada diligentemente, ouve: A língua produz a blasfêmia, a murmuração, a defesa do pecado, o perjúrio, a mentira, a detração, a adulação, as pragas, as injúrias, as rixas, a ridicularização dos bons, os maus conselhos, a má fama, a jactância, a revelação dos segredos, as ameaças e promessas indiscretas, o excesso no falar, a chocarrice.

Seria na verdade grande vergonha para o sexo feminino e grande desonra para as virgens consagradas não terem sua boca em guarda nem sujeita a sua língua, causadora inquieta de tantos males.

Ouso dizer: em vão se gloria de possuir a virtude no coração o religioso que perturba o silêncio com o desassossego do muito falar. *Pois se alguém*, atesta a Escritura, *julga ser religioso, não refreando sua língua, nus seduzindo o seu coração, sua religião é vã* (cf. Tg 1,26).

2 Esposas amadas de Jesus Cristo, contemplai a vossa e a minha Senhora, contemplai Maria, o espelho das virtudes, e aprendei dela a observância do silêncio!

É bem sabido quanto amava o silêncio a Bem-aventurada Virgem. Percorrendo o Evangelho achamos que ela falou pouco e com poucas pessoas. Lemos que ela falou só com quatro pessoas e proferiu apenas sete frases: ao *anjo* duas, ao *Filho* duas, à *Santa Isabel* duas, aos *servos nas bodas* uma só[14].

---

14. Lc 1,34: *Como há de acontecer isto* etc. Lc 1,38: *Eis a escrava do Senhor* etc. • Lc 2,48: *Filho, por que nos fizestes isto* etc. Jo 2,3: *Não têm vinho.*

Isto confunde a nossa loquacidade, em virtude da qual tão inclinados estamos a multiplicar palavras, quando a utilidade do silêncio é tão grande.

3 Uma das vantagens do silêncio é que *conduz à compunção.* O homem, quando se cala, pensa nos seus caminhos (cf. Sl 119(118),59), e assim tem tempo para refletir quão numerosos são os seus defeitos, quão insignificante o seu progresso, e daí nasce a compunção.

Por isso, diz o Profeta Davi: *Emudeci e fui humilhado, calei-me do bem feito e renovou-se a minha dor (cf. Sl 39(38),3).*

Outra utilidade do silêncio é que *mostra ser o homem celeste.* A prova quase infalível é a seguinte: se um homem vive na Teutônia mas não fala a língua teuta parece não ser teutão. Da mesma forma, quem vive no mundo mas não tem linguagem mundana, evidentemente mostra que não é do mundo. *Pois quem é da terra fala o que é da terra* (cf. Jo 3,31).

Nada, porém, contribui tanto para o religioso guardar o silêncio como fugir à frequência dos homens e levar uma vida solitária. Pois quem já *se elevou acima* dos homens comuns não precisa de outro consolador e outro interlocutor senão somente Deus; e por isso ficará *só e se calará.* Desde que tenha Deus por companheiro não tem mais necessidade de se importar com conversações humanas.

• Lc 1,40: *E saudou Isabel* etc. Lc 1,46: *A minha alma engrandece* etc. • Jo 2,5: *Fazei tudo quanto vos disser.*

É por isso que se diz o Livro das Lamentações: *Estará assentado sozinho e se calará* (cf. 3,28), *porque elevou-se acima de si*. *Estará assentado,* digo, *sozinho*, fugindo das conversações dos homens, *e se calará*, meditando sobre coisas celestiais; *elevou-se acima de si*, prelibando doçura celestial.

4 Embora a todos os religiosos o silêncio seja necessário para a perfeição da virtude, principalmente, porém, é mister que as virgens consagradas a Deus e as servas de Jesus Cristo guardem a disciplina do silêncio. Tão *preciosa* deveria ser a sua *linguagem*[15], tão modestas deveriam ser com os seus lábios, que jamais falassem senão em grave necessidade. Por isso, diz São Jerônimo: "Seja o falar da virgem modesto, raro e precioso, não tanto pela eloquência, mas pelo pudor". A mesma coisa aconselha o filósofo Sêneca, dizendo: "Para alcançares a mais alta perfeição, exijo que fales brevemente, raramente e com voz abafada".

Ouve, serva verbosa, ouve virgem tagarela e palradora; para te acostumares ao silêncio, devias fazer o que fazia o Abade Agathon, do qual se lê, na *Vida dos padres*, que durante 3 anos meteu uma pedra em sua boca, até aprender a taciturnidade.

Prende também tu uma pedra à tua língua, prega tua língua ao céu da boca, põe o dedo sobre teus lábios para aprenderes a calar. É uma desonra para a esposa de Cristo querer conversar com outro, e não com seu esposo, Jesus.

---

15. 1Reg. 3,1.

5 Fala, portanto, raras vezes, pouco e brevemente, fala com temor e pudor; ainda mais: *em tua própria causa fala dificilmente* (cf. Eclo 32,10). Cobre a tua face com o véu da modéstia, coze os teus lábios com o fio da disciplina, e o teu falar seja breve, precioso e útil, seja modesto e humilde. Fala, serva de Deus, raras vezes e pouco, porque *no falar muito não faltará o pecado* (cf. Pr 10,19).

Não digas palavras ociosas, porque *de toda palavra ociosa, que os homens tenham dito, hão de dar contas no dia do juízo* (cf. Mt 12,36). Ociosa é a palavra que é proferida sem necessidade de quem fala, ou sem utilidade para quem ouve. Sempre, portanto, é melhor e mais útil calar-se do que falar, "porque [diz o sábio] de ter falado muitas vezes me arrependi; de ter calado, nunca"[16].

---

16. Xenócrates, como refere Valério Máximo.

5

O zelo da oração

1 À esposa de Cristo que deseja ardentemente tornar-se perfeita é sumamente necessário que exerça o seu espírito no zelo contínuo da oração e devoção, porque o religioso indevoto e tíbio, que não pratica assiduamente a oração, não somente é miserável e inútil, mas, diante de Deus, traz uma alma morta em corpo vivo.

A virtude da oração é tão eficaz, que só ela vence as tentações e armadilhas do inimigo maligno, que é o único a impedir o voo da serva de Deus ao céu. Não é de admirar que sucumba muitas vezes e miseravelmente às tentações quem não nutrir assiduamente o zelo da oração. Por isso, diz Santo Isidoro: "Este é o remédio para quem sente o fogo das tentações dos vícios: quantas vezes é tentado por algum vício, tantas vezes recorra à oração, porque a oração frequente rebate as impugnações dos vícios". A mesma coisa diz o Senhor no Evangelho: *Vigiai e orai para não cairdes em tentação* (Mt 26,41; Mc 14,38; Lc 22,40.46). Tanta é a virtude da oração devota, que com ela o homem pode alcançar tudo e em qualquer tempo: no inverno e no verão, nos dias serenos e de chuva, de noite e de dia, nos dias de festas e nos dias úteis, na enfermidade e na saúde, na juventude e na velhice, estando o homem em pé, sentado ou andando, no coro ou fora dele.

Às vezes, mesmo numa só hora de oração ganha mais do que vale todo o mundo, porque com módica oração devota o homem ganha o Reino dos Céus. Para que, porém, saibas como deves orar e que qualidades a oração deve ter, eu te informarei, à medida que o Senhor me inspirar, embora neste assunto eu mais careça de informações do que tu.

2 Sabe, pois, serva de Deus, que para uma perfeita oração três coisas são necessárias. A primeira é que, quando te entregas à oração, com o corpo e o coração levantados e com os sentidos fechados, *reflitas*, sem ruído, *com um coração amargurado e contrito, sobre todas as tuas misérias; isto é, sobre as presentes, as passadas e as futuras.*

Primeiro, portanto, deves solicitamente refletir quantos e quão graves pecados *cometeste* no decurso de toda a tua vida, quantos e quão grandes bens *omitiste* no mundo e na Ordem, quantas e quão grandes graças de teu Criador *perdeste*. Também deves cogitar quão *longe* te afastaste de Deus pelo pecado, quando, pelo contrário, em algum tempo estavas tão *perto* dele*; quão *dessemelhante* de Deus te tornaste, quando em algum tempo estavas tão semelhante a Ele; quão bela eras algum tempo na alma, quando agora és muito *feia* e impura.

Deves meditar para onde *vais* pelo pecado – isto é, *para as portas do inferno*; o que te *espera* – isto é, o *dia* tremendo *do juízo*; o que te será *dado* por tudo isso – isto é, *a morte eterna no fogo*. Por tudo isso deves incontinenti bater no peito, como fez o publicano (Lc 18,13); suspirar como fez o Profeta Davi; e *com lágrimas lavar os pés* (cf. Lc 7,38) do Senhor Jesus Cristo, como fez Maria Madalena. Nem deves impor medida às tuas lágrimas, porque sem medida ofendeste o teu amado Jesus. É isto que diz Santo Isidoro: "Quando, em oração, achamo-nos diante de Deus, devemos gemer e chorar, recordando quão grave *é o* que cometemos, quão duros os suplícios do inferno que tememos".

Essas pungentes meditações devem formar o princípio de tua oração.

3 O segundo, que à esposa de Deus é necessário na oração, é a *ação de graças*; isto é, que com toda a humildade dê graças ao Criador pelos benefícios recebidos e ainda a receber. Isto aconselhou São Paulo: *Perseverando na oração, velando nela com ação de graças* (cf. Cl 4,2).

Não há nada que torne o homem tão digno das dádivas divinas como o contínuo agradecimento pelos dons recebidos. Por isso, escreve Santo Agostinho a Aurélio: "Que de melhor poderíamos sentir no coração, manifestar com palavras e exprimir com a pena, do que *Deo gratias?*"

Quando, portanto, estás em oração, medita, entre ações de graças, que Deus te fez um ser humano; que te fez cristã; que te perdoou inúmeros pecados; que em muitos pecados terias caído se o Senhor não te houvesse protegido; que não permitiu morreres no mundo, mas te chamou a uma religião altíssima e perfeitíssima, em que te apascentou sem trabalho teu.

Medita que por ti se fez homem, foi circuncidado e batizado.

Por ti se tornou pobre e nu, humilde e desprezado. Por ti jejuou, teve fome e sede, trabalhou e se fatigou; por ti chorou, verteu suor de sangue, alimentou-te com o seu santíssimo corpo e deu-te a beber do seu preciosíssimo sangue. Por tua causa foi esbofeteado, coberto de escarros, escarnecido e atado. Por ti foi crucificado, chagado, morto de morte torpíssima e amaríssima. Tudo isto sofreu para tua salvação. Foi sepultado, ressurgiu, subiu aos céus, enviou o Espírito Santo e prometeu dar a ti e a todos os eleitos o Reino dos Céus.

Tal ação de graças, feita na oração, é sobretudo útil, não tendo valor, sem ela, qualquer oração. Pois, "a ingratidão, como diz São Bernardo, é um vento ardente que seca a fonte da piedade, o orvalho da misericórdia e os rios da graça".

4 O terceiro que necessariamente se exige para uma oração perfeita é que teu espírito *não pense, durante a oração, em outra coisa* senão naquilo que oras. Seria muito inconveniente alguém falar a Deus com a boca e se ocupar com outra coisa no coração; dirigir, por assim dizer, a metade do coração ao céu e reter a outra metade na terra. Semelhante oração jamais será atendida pelo Senhor. Por isso, diz a interpretação das palavras do salmo: *Clamei de todo o meu coração; atendei-me, Senhor* (cf. Sl 119(118),145); "um coração dividido não alcança coisa alguma".

Deve, pois, a serva de Deus, no tempo da oração, afastar o seu coração de todos os cuidados exteriores, de todos os desejos mundanos e de todas as afeições carnais; dirigi-lo ao seu íntimo e levantar todo o coração e toda a alma somente àquele a quem dirige a sua oração.

Este conselho te dá o teu Esposo Jesus no Evangelho: *Tu, porém, quando orares, entra no teu aposento, e, cerrada a porta, ora a teu Pai* (cf. Mt 6,6). Terás *entrado no teu aposento* quando tiveres encerrado no íntimo de teu coração todas as cogitações, todos os desejos, todas as afeiçoes; terás *fechado a porta* quando tão diligentemente guardares o teu coração, que nenhuma cogitação fantástica te possa impedir na devoção. "A oração, explica Santo Agostinho, é a direção da alma a Deus por um afeto devoto e humilde."

5 Ouve, bem-aventurada madre; ouve, serva de Jesus Cristo; *inclina o teu ouvido às palavras de minha boca* (cf. Sl 45(44),2; 78(77),1). Não te deixes enganar, não te deixes iludir, não percas o grande fruto de tua oração, não percas a suavidade nem a doçura que deves haurir na oração.

A oração é um manancial no qual, pela graça do Espírito Santo, tira a doçura da fonte superabundante da Santíssima Trindade. Isto experimentou o devotíssimo Profeta Davi, que diz: *Abri a minha boca e atraí o alento.*

Abri a minha boca, diz Santo Agostinho, *orando, buscando, batendo, e atraí o alento*; isto é, hauri.

Eu já não te disse o que é a oração? Ouve outra vez: "A oração é a direção da alma a Deus". Queres saber como deves dirigir a tua alma a Deus? Atende.

Quando oras deves recolher-te toda e entrar no aposento do teu amado e aí ficar a sós com Ele e, esquecendo-te de todas as coisas exteriores, deves elevar-te sobre ti mesma, com todo o coração, com toda a alma, com todo o afeto, com todo o anseio, com toda a devoção.

Nem deves afrouxar o teu espírito, mas ir ascendendo, pelo ardor da devoção, até *entrares no lugar do admirável tabernáculo, até a casa de Deus* (cf. Sl 42(41),5). Depois de teres visto aí, da melhor maneira possível, o teu dileto com os olhos de teu coração, depois de teres saboreado, do modo mais perfeito, *quão suave é o Senhor* (cf. Sl 34(33),9) e *quão grande a multidão de sua doçura* (cf. Sl 31(30),20)*, atira-te nos seus braços, imprime-lhe ósculos de íntima devoção, para que, toda fora de ti, toda arrebatada ao céu, toda transformada em Cristo, não possas coibir o teu espírito, mas exclames com o Profeta Davi: *A minha alma recusou consolar-se; lembrei-me de Deus e enchi-me de gozo* (cf. Sl 77(76),3s.).

6 Para que, porém, caríssima madre, o teu coração ainda mais se eleve e mais fervorosamente se inflame pela oração devota, nota diligentemente que por três causas somos arrebatados em espírito: às vezes pela grandeza da *devoção*, às vezes pela grandeza da *admiração*, às vezes pela grandeza da *exultação*.

7 Digo, pois, que às vezes é a grandeza da *devoção* que faz com que a alma não se contenha a si mesma, mas, elevada acima de si, passe ao estado de arrebatamento. Isso acontece quando "somos inflamados por um tão grande fogo de celestial desejo, que tudo ao redor se converte em amargura e fastio e a chama de íntimo amor cresce além de toda medida humana, que faz a alma, derretida como cera, desfalecer em si mesma, elevando-a às regiões superiores como fumo de aroma e enviando-a aos mais altos céus"[17].

Somos obrigados então a exclamar como o profeta: *Desfaleceu a minha carne e o meu coração, ó Deus de minha alma, e a minha parte é Deus para sempre* (cf. Sl 73(72),26).

8 Outras vezes o arrebatamento é o efeito da grandeza de *admiração*, "quando a alma, irradiada pela luz divina e suspensa na admiração da suma beleza, é tocada por tão veemente assombro, que radicalmente é arrancada de seu estado e como um *raio fulgente* (cf. Ez 1,14) é arremessada às regiões sublimes. E tanto mais alto e tanto mais rapidamente é arrebatada acima de si pelo ardor dos celestes desejos quanto mais profundamente se abate pelo desprezo de si, comparando-se com a beleza jamais vista"[18]. E então é obrigada a exclamar com a piedosa Ester: *Vi-te, Senhor, como um Anjo de Deus, e conturbou-se o meu coração pelo temor de tua glória. Pois és*

---

17. Ricardo de São Vítor.

18. Id.

sobremaneira admirável, Senhor, e tua face é cheia de graça (cf. Est 5,2ᵐ).

9 Às vezes o arrebatamento é produzido pela abundância de *exultação*. Isto se dá "quando a alma, tendo sorvido a plenitude dessa interna suavidade e estando toda inebriada, esquece-se por completo do que há e do que houve e, arrebatada por um certo afeto supraterreno, entra num estado de admirável felicidade"[19]. Neste estado vê-se forçada a exclamar e a dizer com o Profeta: *Quão diletos são os teus tabernáculos, Senhor das virtudes! A minha alma desfalece ao desejar os átrios do Senhor. O meu coração e a minha carne regozijaram-se no Deus vivo* (cf. Sl 84(83),2s.).

10 Assim, pois, a serva de Deus deve exercer o seu espírito pelo zelo de uma devota oração e, pelo uso frequente da oração, aprender a tornar-se idônea para, pelos olhos de um coração limpo e purificado pelo infatigável espírito de devoção, contemplar as coisas divinas e saborear a suavidade da divina doçura.

Porque não é conveniente que a alma, assinalada pela imagem de Deus, ornada com a semelhança de Deus, resgatada pelo sangue de Deus, feita para ser feliz, adeje em volta das coisas temporais. Mas antes é mister *subir acima dos querubins e voar sobre as asas dos ventos* (cf. Sl 18(17),11) – isto é, dos coros dos anjos – para

---

19. Id.

contemplar a própria Trindade e a humanidade de Cristo, meditando a glória e a alegria dos cidadãos celestes; isto é, de todos os anjos e santos.

Hoje, porém, quem há que se entregue a semelhantes meditações, que procure saborear os gozos celestiais, que, com coração e alma esteja nos céus? São poucos. Pelo que a certos religiosos bem se pode aplicar o que diz São Bernardo: "Aqueles cuja tarefa devia consistir em penetrar, com a sua devoção, os céus, andar, em espírito, pelas mansões celestes, saudar os apóstolos e os coros dos profetas e admirar os triunfos dos mártires, deixando de lado tudo isto, entregam-se a uma torpe escravidão do corpo para obedecer à carne e satisfazer a gula e a sensualidade".

6

A memória da paixão de Cristo

1 Como o fervor da devoção é nutrido por uma frequente lembrança da paixão de Cristo, é necessário que, quem deseja conservar em si uma devoção inextinguível, tenha sempre presente aos olhos de seu espírito Jesus morrendo na cruz. Por isso diz o Senhor no Livro do Levítico: *No meu altar arda sempre fogo, que o sacerdote nutrirá colocando lenha todos os dias* (cf. Lv 6,5).

Ouve, devota madre: O *altar de Deus* é teu coração; nesse altar deve sempre arder o *fogo* de fervorosa devoção, o qual deves nutrir todos os dias com o *lenho* da cruz de Cristo e com a memória de sua paixão. Com isso concorda o Profeta Isaías quando diz: *Com gozo haveis de haurir águas das fontes do Salvador* (cf. Is 12,3); como se dissesse: todo o que deseja receber de Deus águas de graças, águas de devoção, águas de lágrimas, venha haurir nas fontes do Salvador; isto é, nas cinco chagas de Jesus Cristo.

2 Aproxima-te, pois, ó serva, aos pés de teus afetos, de Jesus chagado; aproxima-te de Jesus coroado de espinhos, de Jesus pregado no patíbulo da cruz, e não somente contempla com o Apóstolo Tomé a abertura dos cravos em *suas mãos*, não somente mete *o teu dedo no lugar dos cravos*, não somente coloca *a tua mão no seu lado* (cf. Jo 20,25.27), mas entra totalmente pela porta do lado até o coração do mesmo Jesus.

Ah! Transformada em Cristo por um ardentíssimo amor ao Crucificado, pregada pelos cravos do divino temor, traspassada pela espada de íntima compaixão, não procures nem desejes outra coisa, e outra coisa não seja o teu consolo senão poder morrer com Cristo na cruz. E então, com o Apóstolo São Paulo, exclama e dize: *Com Cristo estou pregada na cruz. Eu já não vivo, mas é Cristo que vive em mim* (cf. Gl 2,19s.).

3 De tal modo, porém, deves trazer na memória a paixão de Cristo, que meditas como a sua paixão foi *ignominiosíssima, generalíssima e diuturníssima*.

Primeiro considera, digna serva de Deus, quão *ignominiosíssima* foi a morte de teu esposo Jesus Cristo. Pois foi *crucificado* como um roubador e ladrão. Na antiga lei, assim podiam ser punidos somente os homens péssimos e criminosos, os roubadores e ladrões (cf. Nm 25,4; Dt 21,22s.).

Vê uma ignomínia ainda maior para Cristo na circunstância de ter sido crucificado *num lugar torpíssimo e vilíssimo*; isto é, no Monte Calvário, onde jaziam muitos ossos e corpos de mortos, porque aquele lugar estava destinado aos condenados à morte e aí se degolavam e se suspendiam não quaisquer homens, mas os mais perversos.

Maior ainda foi a ignomínia para Cristo, porque suspendem-no *como um ladrão* entre ladrões, e no meio deles, como se fosse o *chefe dos ladrões*.

Por isso diz Isaías: *Foi emparelhado com os criminosos (cf. Is 53,12)*.

Mas contempla uma outra ignomínia ainda maior de teu Esposo; foi *suspenso no ar*, entre o céu e a terra, como se não fosse digno de viver nem morrer na terra.

Ó pasmosa indignidade e injúria! Ao Senhor do orbe terrestre foi negado todo o orbe, nada mais vil julgaram no mundo do que o Senhor do mundo. – Deste modo, pois, a morte do Filho de Deus foi ignominiosíssima por causa do *gênero* de morte, porque foi suspenso num patíbulo; por causa dos *companheiros* na morte, porque foi *reputado como um dos iníquos* (cf. Lc 22,37) e condenado; por causa do *lugar* da morte, porque foi crucificado no monte execrado do Calvário.

4 Ó bom Jesus, ó Salvador benigno, que não uma vez, mas tantas vezes foste coberto de baldões! Em quanto mais lugares alguém é ultrajado, tanto mais ignominioso se torna ao mundo. E eis, Tu, Senhor Jesus, és amarrado no horto, ferido por uma bofetada na casa de Anás, cuspido no adro de Caifás, escarnecido na hospedaria[20] de Herodes, carregas a cruz no caminho, és crucificado no Gólgota. Ai, ai de mim! A liberdade dos presos é presa, a glória dos anjos escarnecida, a vida dos homens é morta!

Ó miseráveis judeus, bem cumpristes o que prometestes, pois dissestes: *Condenemo-lo a uma morte torpíssima* (cf. Sb 2,20).

---

20. Herodes se achava como hóspede em Jerusalém.

Por isso diz São Bernardo[21]: "*Aniquilou-se tomando a forma de um servo* (cf. Fl 2,7). Era o Filho e fez-se servo, e não somente tomou a forma de um servo para sujeitar-se, mas de um servo mau, para ser castigado, para sofrer castigo, quando não tinha culpa". Não somente era o *servo dos servos de Deus*, como o papa[22], mas feito o *servo dos servos do demônio*, para expurgar, com seu serviço, os mais vis pecados dos pecadores.

Nem se contentou com isto, mas escolheu, entre todas, a morte mais humilhante, para que também tu não tenhas receio de sofrer coisas semelhantes. *Humilhou a si mesmo, feito obediente até à morte, até à morte da cruz* (cf. Fl 2,8), que é "a mais ignominiosa", como diz a glosa de Santo Agostinho.

5 Considera atentamente, em segundo lugar, virgem consagrada a Deus, que a paixão de Cristo foi *acerbíssima*.

A cruz não permitia que esses benditos membros extensos sobre ela se contraíssem na dor da morte, o que costuma ser um certo alívio e consolo para o coração ansiado; nem encontrava a adorável e divina cabeça onde repousar na separação da alma.

Considera mais como foi acerba a morte de Cristo. Quanto mais *tenra* alguma coisa é, tanto mais sofre. Ora, não houve corpo mais tenro para sofrer do que o corpo do Salvador. O corpo de uma mulher é mais tenro do que o de um homem, mas o corpo de Cristo era todo

---

21. *Serm. in Feria 4 hebd. sancta*, n. 10.

22. O Papa Gregório Magno foi o primeiro a utilizar esse título.

virginal, porque foi concebido do Espírito Santo e nascido da Virgem. A paixão de Cristo, por isso, foi mais acerba do que os sofrimentos de outros, porque Jesus era mais tenro do que todas as virgens.

Se, pois, só com a lembrança de sua morte a *sua alma se entristeceu* por causa da ternura de seu corpo, a ponto de o *suor* de seu corpo *se tornar como suor de sangue derramado na terra* (cf. Mt 26,38; Lc 22,44), a que ponto se deve ter aumentado a dor e o tormento quando na realidade sofreu a paixão acerbíssima! Por isso diz São Bernardo: "As angústias de teu coração, Senhor Jesus Cristo, evidentemente as indicava esse suor sanguíneo que durante a tua oração decorria sobre a terra. Que fizeste, dulcíssimo menino, que assim és tratado? Que cometeste, amantíssimo jovem, que tão duramente és julgado? Eis, eu sou a causa de tua dor; eu, a chaga de tua morte".

Vê ainda mais atentamente quão amarga foi a morte de Cristo. Quanto mais *inocente* alguém é, tanto mais intolerável é a pena. Se Cristo, por causa de pecados próprios, tivesse sofrido essa dor, teria sido, de algum modo, tolerável; mas *Ele não cometeu pecado algum, nem foi achado dolo na sua boca* (cf. 1Pd 2,22). O próprio Pilatos atesta-o com as palavras: *Não acho nele crime algum digno de morte* (cf. Jo 18,38). Pois Ele é o *esplendor da luz eterna, o espelho sem mácula da majestade de Deus e a imagem de sua bondade,* como se diz no Livro da Sabedoria (7,26).

6 Considera mais perfeitamente quão dolorosa foi a morte de teu dileto Esposo Jesus Cristo. Quanto mais *geral,* tanto mais acerba a pena. Cristo, porém, o teu Esposo, sofreu em todo o seu corpo; assim, nem o menor membro houve que não tivesse tido um tormento especial, nem a menor parte do corpo que não tivesse sentido amarga dor. Pois *desde a planta dos pés até ao cimo da cabeça não houve nele parte sã* (cf. Is 1,6).

Por isso, exclamou transido de dor: *Ó vós todos que passais pelo caminho, atendei e vede se há dor semelhante à minha dor* (cf. Lm 1,12). Na verdade, Senhor Jesus Cristo, jamais houve uma dor semelhante à tua dor. Tanta foi a efusão do teu sangue que com ele foi coberto todo o teu corpo.

Ó bom Jesus! Ó dulcíssimo Senhor! Não uma *gota*, mas uma *onda* de sangue se derramou largamente de cinco partes de teu corpo: de tuas mãos e pés, na crucificação; da cabeça, na coroação de espinhos; de todo o corpo, na flagelação; do próprio coração, na abertura do lado. Seria de admirar se tivesse ficado sangue algum em vós. Dize, meu amado Senhor, dize por que quiseste derramar tanto sangue de teu corpo, quando uma gota única de teu santíssimo sangue bastaria para a redenção de todo o mundo? Sei, Senhor, sei na verdade que não o fizeste por outro motivo senão para mostrar com quanto afeto me amas.

7   *Que,* pois, *darei ao Senhor, por tudo quanto me concedeu?* (cf. Sl 115(113b),12). Certamente, Senhor, enquanto viver, eu me lembrarei dos teus trabalhos, que sustentaste, pregando, das tuas fadigas amando, das tuas vigílias orando, das tuas lágrimas compadecendo-te, das tuas dores, insultos, cuspidos, bofetadas, baldões, cravos e chagas; de outra forma, *de mim se exigiria o sangue do justo que foi derramado sobre a terra* (cf. Mt 23,35).

Quem, pois, dará água à minha cabeça e uma fonte de lágrimas aos meus olhos (cf. Jr 9,1), para poder chorar dia e noite a morte de meu Senhor Jesus, que sofreu não por seus, mas por meus pecados? *Foi ferido por causa das nossas iniquidades, foi quebrantado por nossos crimes*, como diz Isaías, o profeta (cf. Is 53,5).

8 Por último, considera e atentamente pondera que a morte e a paixão de Cristo foi *diuturníssima*. Desde o primeiro dia de sua vida até o último, do nascimento até a morte, esteve continuamente em sofrimentos e dores, como Ele mesmo atesta pelo profeta, dizendo: *Sou pobre e vivo em trabalhos desde a minha juventude* (cf. Sl 88(87),16), e em outro lugar: *Fui flagelado todo o dia* (cf. Sl 73(72),14); isto é, todo o tempo de minha vida.

Considera ainda de outra maneira como foi morosa a paixão de Cristo. Ele foi suspenso para que o tormento durasse mais tempo, para que a dor tão cedo não findasse, para que a morte se protraísse e, desse modo, Ele fosse mais cruciado e atormentado.

9 De tudo quanto foi dito podes deduzir, ó virgem de Cristo, ó serva de Deus, quão *vergonhosa*, quão *dolorosa*, quão universal, quão *morosa* foram a morte e a paixão de teu amado Esposo Jesus Cristo. E tudo isso suportou para te inflamar no seu amor, para, por tudo isso, o amares de todo o coração, de toda a alma, de toda a mente (cf. Mt 22,37).

Poderia haver maior benevolência do que tomar o Senhor, para salvar o servo, a forma do servo? O homem poderia ser mais eficazmente instruído sobre a sua salvação do que pelo exemplo de Ele sofrer a morte pela justiça e para obedecer à vontade de Deus?

Que coisa, porém, estimula mais o homem ao amor de Deus do que toda essa benignidade, em virtude da qual o Filho do Altíssimo Deus *pôs a sua alma* por nós, que estávamos sem merecimentos, até com muitos deméritos?

Tanta bondade se manifesta nisto que não é possível imaginar coisa mais benigna, mais amável.

Esta bondade é tanto maior quanto mais graves e vergonhosos foram os sofrimentos que por nós suportou. Pois, *Deus que não poupou seu próprio Filho, mas o entregou por todos nós, como não nos deu todas as coisas com Ele?* (cf. Rm 8,32). Com isto nos convida a amá-lo e a imitar o Amado.

10 Portanto, ai daqueles que são ingratos pelos benefícios de tão grande bondade, ai daqueles em cujas almas a morte de Cristo não produz efeito algum!

"Vê, diz São Bernardo, a cabeça de Cristo inclinada para te oscular, os braços estendidos para te abraçar, as mãos traspassadas para te conceder suas dádivas, o lado aberto para te amar, todo o seu corpo estendido para te oferecer".

Ai também daqueles que, com os seus pecados, *crucificam de novo o Filho de Deus em si mesmos, e sobre a dor de suas chagas acrescentam nova dor* (cf. Hb 6,6; Sl 68,27).

E em terceiro lugar, ai daqueles cujo coração não se enternece a chorar, não se deixa provocar a retribuir o amor, não se deixa inflamar a virtude de boas obras pelo derramamento de tanto sangue e pela imensa grandeza do preço de resgate que por eles foi pago. Estes, na verdade, são *inimigos da cruz de Cristo* (cf. Fl 3,18) e ultrajam mais a Cristo, o Filho de Deus, sentado hoje à direita de Deus Pai, do que os judeus lhe fizeram, quando dependurado no patíbulo da cruz. Destes o Senhor se queixa com as palavras de São Bernardo: "Vê, homem, quanto por ti sofro, vê se há uma dor como a que me atormenta; clamo a ti que por ti morro; vê os tormentos que me infligem; vê os cravos com que sou traspassado. Embora seja grande a dor externa, contudo maior é o sentimento íntimo quando te vejo tão ingrato".

11 Guarda-te, pois, madre, que não sejas ingrata por tão grande benefício, que não sejas indiferente a tão grande preço que por ti foi dado; mas coloca Jesus Cristo crucificado *como um selo sobre o teu coração* (cf. Ct 8,6), para que, como um sinete na cera mole, imprimas Jesus, teu Esposo, no teu coração, e digas com o profeta: *O meu coração se tornou como cera que se derrete* (cf. Sl 22(21),15). Coloca-o também *como um selo sobre o teu braço* (cf. Ct 8,6), para que jamais deixes de fazer o bem, jamais te fatigues no trabalho pelo nome do Senhor Jesus. E se tiveres feito tudo, começa de novo, como se nada tivesses feito. Mas se alguma vez te sobrevier alguma coisa triste e difícil, algum aborrecimento ou amargura, ou se sentires dissabor em fazer alguma boa obra, recorre imediatamente a Jesus crucificado e dependurado na cruz. Aí contempla a coroa de espinhos, os cravos férreos, a lança do lado; aí contempla as chagas das mãos e pés, da cabeça, do lado e de todo o corpo, recordando quanto te amou quem tanto por ti sofreu, tanto por ti suportou.

Acredita-me que, com tal aspecto logo acharás alegre o que é triste, leve o que é difícil, amável o que é tedioso, doce e suave o que é áspero, a ponto de, com o Santo Jó, começares a dizer: *As coisas que antes não queria tocar a minha alma, agora pela aflição* [da paixão de Cristo] *são o meu sustento* (cf. Jó 6,7). Como se dissesse: as coisas que antes não tinham sabor, agora se tornaram doces e deliciosas, por causa da angústia da paixão de Cristo, que tenho diante dos meus olhos.

Lê-se que alguém, tendo entrado numa Ordem, tornou-se muito impaciente por causa da asperez na comida e dos outros exercícios de disciplina religiosa. E como um dia se sentisse aborrecido demais, ajoelhou-se diante da imagem do crucifixo e começou a se queixar, com muitas lágrimas, das intoleráveis privações e fadigas na Ordem, da insipidez da comida, do pão e da bebida.

Eis que de repente começa a emanar sangue do lado da imagem. E como ele, chorando amargamente, continuasse a fazer as suas queixas, ouviu uma voz da imagem de Cristo dizendo-lhe que, todas as vezes em que experimentasse alguma asperez na comida, intingisse, em espírito, tudo no sangue de Cristo, e ela se tornaria saborosa.

7

O perfeito amor de Deus

1 Nos capítulos precedentes te ensinei, serva de Deus, conforme o Senhor me inspirou, como deves exercitar a tua alma para que possas, como que gradualmente, subir e fazer progressos de uma virtude à outra. Resta falar, em sétimo lugar, da forma[23] das virtudes; isto é, do amor, que é o único a conduzir o homem à perfeição.

Não é possível excogitar um meio mais útil para mortificar os vícios, para adiantar na graça, para alcançar o auge de todas as virtudes, do que o amor. Por isso diz Prosper, no seu livro sobre a vida contemplativa: "O amor é a vida das virtudes, a morte dos vícios". E *como se derrete a cera diante da face do fogo*, assim os vícios *perecem diante da face do amor* (cf. Sl 68(67),3); porque o amor possui tanto poder, que só ele fecha o inferno, só ele abre o céu, só ele dá a esperança da salvação, só ele nos torna dignos do amor de Deus. Tanto poder possui o amor, que entre as virtudes só ele é chamado *virtude*. Quem o possui é rico, tem abundância, é feliz; quem não o possui é pobre, mendigo e miserável. Por isso diz

---

23. Forma, em sentido filosófico, é aquilo que dá à virtude a vida, como a alma dá vida ao corpo.

Santo Agostinho, explicando as palavras de 1Cor 13,2: *Senão tivesse caridade*: "Atende de quanta importância é o amor; se falta, a posse do mais é inútil; quem o possui tem tudo; quem começa a tê-lo possuirá o Espírito Santo". E em outro lugar, Santo Agostinho diz: "Se a virtude conduz a uma vida bem-aventurada, quisera afirmar que a virtude não é propriamente outra coisa senão o sumo amor de Deus".

Como, pois, o amor é uma virtude tão elevada, cumpre insistir em alcançá-lo acima de todas as outras virtudes, não um amor qualquer, mas só aquele com o qual Deus é amado sobre todas as coisas e o próximo pelo amor a Deus.

2 De que modo, porém, deves amar a teu Criador, a teu Esposo, o Evangelho te ensina, dizendo: *Amarás ao Senhor teu Deus de todo o teu coração, de toda a tua alma e de toda a tua mente* (Mt 22,37). Atende bem, caríssima serva de Jesus Cristo, que amor o teu dileto Jesus exige de ti.

Quer o teu Amado que a seu amor dediques todo o teu coração, toda a tua alma, toda a tua mente, de modo que nenhum outro tenha parte com Ele em todo o teu coração, em toda a tua alma, em toda a tua mente.

Que, pois, farás para *amar* ao Senhor teu Deus certamente *de todo o teu coração?* O que quer dizer: *de todo o coração?* Ouve como São João Crisóstomo te ensina: "Amar a Deus de todo o coração significa não inclinar o teu coração ao amor de qualquer outra coisa mais do que ao amor a Deus; não te comprazer nas coisas do mundo mais do que em Deus; não nas honras; não nos pais. Se, porém, o teu coração se ocupa com alguma destas coisas, já não o amas de todo o coração". Peço-te, serva de Cristo, não te enganes no amor.

Certamente, se amas alguma coisa não em Deus e por Deus, já não o amas de todo o coração. Por isso diz Santo Agostinho: "Senhor, menos te ama quem ama alguma coisa contigo". Se, porém, amas alguma coisa que não te faz adiantar no amor de Deus, não o amas de todo o teu coração; e se por amor a alguma coisa negligencias aquilo que deves a Cristo, não o amas de todo o coração.

Ama, pois, ao Senhor teu Deus *de todo o teu coração.*

3 Não somente de todo o coração, mas também *de toda a alma*, devemos amar a Jesus Cristo, nosso Senhor e Deus.

O que significa *de toda a alma?* Ouve, como Santo Agostinho te instrui: "Amar a Deus de toda a alma é amá-lo com toda a vontade, sem restrição". Certamente então amarás de toda a alma se, sem contradição e de boa vontade, fazes não o que tu queres, nem o que aconselha o mundo, nem o que te inspira a carne, mas aquilo que reconheces como sendo a vontade de Deus.

Certamente, então, amarás a Deus de toda a alma se, por amor a Jesus Cristo, entregas de boa vontade a tua alma à morte, se assim for necessário. Se, porém, em alguma destas coisas faltares, já não amas de toda a tua alma.

Ama, pois, ao Senhor teu Deus *de toda a tua alma;* isto é, faze a tua vontade em tudo, conforme a vontade divina.

4 Mas não somente de todo o coração, não somente de toda a alma, mas também *de toda a tua mente* deves amar a teu Esposo, o Senhor Jesus. O que quer dizer: *de toda a mente?* Ouve, de novo, o ensino de Santo Agostinho: "Amar a Deus de toda a mente é amá-lo de toda a memória, sem esquecimento".

8

A perseverança final

1 Embora alguém tenha alcançado o fundamento de todas as virtudes, contudo não aparece glorioso diante dos olhos de Deus se lhe falta a perseverança, que é a consumadora das virtudes.

Nenhum mortal, por mais perfeito que seja, é digno de louvor durante a sua vida, enquanto não conclui com um bom e feliz êxito o bem que começou, pois a perseverança é o fim e a "consumadora das virtudes, nutridora dos merecimentos, medianeira do prêmio"[24]. Por isso, diz São Bernardo: "Tira a perseverança, e nem os obséquios e os benefícios merecem gratidão; nem a fortaleza, glória".

De pouco serviria ao homem ter sido religioso, paciente e humilde, devoto e continente, ter amado a Deus e possuído as demais virtudes, se lhe faltasse a perseverança.

É verdade que todas as virtudes correm, mas só a perseverança *recebe o prêmio* (cf. 1Cor 9,24), porque não aquele que principiou, mas *quem tiver perseverado até ao fim, será salvo* (cf. Mt 10,22). Pelo que diz São João Crisóstomo: "Para que servem searas florescentes,

---

24. SÃO BERNARDO. *Epist.* 109, n. 2.

se depois murcham?" Isto quer dizer: não servem para coisa alguma.

2 Se, pois, virgem diletíssima de Cristo, possuíres alguma habilidade em boas obras, ou antes, porque tens muitas virtudes, persevera nelas, progride e com ânimo varonil exerce nelas a milícia de Cristo até a morte.

Desta forma, quando vier o último dia, e o fim de tua vida, receberás em recompensa o prêmio de teus labores, a coroa da honra e glória. Por isso, Cristo, o teu único dileto, fala-te: *Sê fiel até a morte, e te darei a coroa da vida* (cf. Ap 2,10).

Esta coroa não é outra coisa senão o prêmio da vida eterna, que todos os cristãos devem ardentemente desejar. Tão grande é este prêmio que, segundo São Gregório, absolutamente ninguém é capaz de tê-lo em devido apreço, tão *abundante* é que ninguém pode enumerá-lo; enfim, é de tanta duração, que jamais pode acabar e terminar.

A este prêmio, a esta coroa te convida teu amado Esposo Jesus Cristo: *Vem do Líbano, esposa minha, amiga minha; vem do Líbano, vem para ser coroada* (cf. Ct 4,8). Levanta-te, pois, amiga de Deus, esposa de Jesus Cristo, pomba do Rei eterno; vem, corre às núpcias do Filho de Deus. Eis que toda a corte celeste te aguarda, porque tudo está preparado.

3 Aguarda-te um *servo rico* e nobre para te servir; um *manjar precioso e delicioso* para te saciar; uma *companhia doce* e amável, sobretudo para se alegrar contigo.

Levanta-te, pois, e corre apressadamente às núpcias, porque aí te espera um *servo rico* para te servir. Este servo não é outro senão o coro angélico; ainda mais, é o próprio Filho de Deus eterno, conforme Ele mesmo diz de si: *Em verdade vos digo, Ele se cingirá e os fará sentar-se à mesa, e passando, lhes servirá* (cf. Lc 12,37).

Oh!, quanta honra para os pobres e desprezados, quando terão o Filho de Deus, do sumo Rei, e toda a corte celeste por servos!

4 Também está preparado um *manjar precioso* e delicioso para te saciar. O próprio Filho de Deus prepara a mesa com as suas próprias mãos, conforme atesta de si: *Eu vos preparo o reino como meu Pai me preparou, para comerdes e beberdes à minha mesa, no meu reino* (cf. Lc 22,29s.). Oh!, como é suave e delicioso o manjar *que Deus, em sua bondade, preparou aos pobres!* (cf. Sl 68(67),12). Como é feliz quem saboreia no Reino dos Céus aquele pão que pelo fogo do Espírito Santo foi feito no seio da Virgem! *Quem come deste pão viverá eternamente* (cf. Jo 6,51). Com tal comida, com tal pão, esse Rei celeste alimentará e saciará os seus eleitos à sua mesa, consoante as palavras do Livro da Sabedoria: *Nutriste o teu povo com a comida dos anjos e deste-lhe sem trabalho, pão do céu, que encerra todas as delícias e toda a suavidade de sabor, e servindo à vontade de cada um* (cf. Sb 16,20s.). Eis, desta natureza é a refeição divina.

5 Não menos está preparada uma *companhia doce e amável* para se alegrar contigo. Aí estará Jesus com o Pai e o Espírito Santo; aí Maria, rodeada de um coro florígero de virgens; aí os apóstolos, mártires, confessores e o exército celeste de todos os eleitos. Muito digno de compaixão é quem não for associado a tão nobre sociedade, e todo morto deve ser o desejo de quem não almeja ser recebido nesta companhia.

6 Mas sei, preclaríssima serva de Cristo, que tu desejas a Cristo; sei que envidas todos os esforços para te unires ao Rei eterno e gozar de seus amplexos.

"Anima, pois, o teu coração e a tua alma, aguça toda a tua inteligência e reflete quanto puderes. Se os bens em separado causam tanto prazer, pondera atentamente quanta delícia encerra aquele bem que contém reunida a doçura de todos os bens. Se a vida criada é um bem, quão grande bem deve ser a vida que tudo criou? Se é doce a salvação que é feita, quão doce deve ser a salvação que é a fonte de toda a salvação?"[25] "Quem possui este bem, o que mais possuirá e o que lhe faltará? Certamente terá tudo quanto deseja, e o que não quer ficará longe. Aí se encontram bens do corpo e da alma que *nenhum olho viu, nenhum ouvido ouviu e nenhum coração sentiu* (cf. 1Cor 2,9). Por que, pois, serva de Deus, andas atrás de muitas coisas, à procura de bens para a tua alma e teu corpo? Ama o *único* bem, e basta; deseja o bem *simples,* que é a plenitude de todos os bens, e nada te faltará"[26].

7 Nele encontrarás o que amas, minha madre; tudo quanto desejas, bem-aventurada virgem... Amas

---

25. SANTO ANSELMO. *Proleg.*, cap. 24.

26. Ibid., cap. 25.

a beleza? *Os justos fulgirão como o sol* (cf. Mt 13,43). Gostas de uma *vida longa e sadia?* Aí há saúde eterna, porque *os justos viverão eternamente, e a salvação dos justos é eterna* (cf. Sb 5,16; Sl 37(36),39). Tens prazer na *fartura*? Pois bem: *Serão saciados quando aparecer a glória de Deus* (cf. Sl 17(16),15). Desejas, porventura, a *ebriedade* de gozos? Eis: *Serão inebriados na abundância da casa de Deus* (cf. Sl 36(35),9). Tens agrado numa *doce melodia?* Aí cantam os coros dos anjos o louvor de Deus sem fim. Desejas *amizade?* Aí os santos amam mais a Deus do que a si mesmos, e Deus os ama mais do que eles mesmos se amam. Procuras *concórdia?* Todos eles têm só *uma vontade,* porque não têm outra senão a vontade de Deus. São a *honra* e a *riqueza* tua alegria? Deus *colocará sobre muito* (cf. Mt 25,21) os seus servos e servas bons e fiéis; serão mesmo *chamados filhos e filhas de Deus. Onde está Deus estarão também eles como herdeiros de Deus; porém, co-herdeiros de Cristo* (cf. Rm 8,17).

8 "Quão profunda e quão grande deve ser a alegria onde há um bem tão grande? Certamente, Senhor Jesus, *o olho não viu, nem o ouvido ouviu, nem o coração sentiu* nesta vida quanto os teus bem-aventurados te amarão e quanto gozo terão em ti nessa vida feliz"[27]. O quanto alguém ama a Deus nesta vida, tanto gozo aí encontrará em Deus.

Ama, portanto, aqui, muito a Deus, para aí muito te alegrares nele; cresça aqui em ti o amor de Deus, para aí possuíres a plenitude do gozo de Deus. "Sobre isto reflita

---

27. Ibid., cap. 24.

o teu espírito; sobre isto fale a tua língua; isto ame o teu coração; disto fale a tua boca; disto tenha fome a tua alma e sede a tua carne; isto deseje todo o teu ser, até entrares *no gozo de teu Deus*"[28], até que chegues ao amplexo de teu Dileto, até que te introduzam no tálamo de teu Esposo, que com o Pai e o Espírito Santo vive e reina, um só Deus, por todos os séculos dos séculos. Amém.

---

28. Ibid.

A DIREÇÃO DA ALMA

Prefácio do tradutor

Entre todas as obras místicas de São Boaventura, *A direção da alma* é a que mais notavelmente e com nitidez no-lo mostra como abalizado mestre da vida espiritual. É muito pouco extenso este tratado. Seu autor, porém, concretizou nele os princípios básicos sobre os quais deseja elevar a alma ao edifício da vida espiritual. O leitor sequioso de seu próprio aperfeiçoamento encontrará neste opúsculo matéria abundante para proveitosas meditações e um guia seguro na direção de sua alma. Entretanto, com uma leitura rápida e superficial não se chegará sequer a avaliar a importância real do conteúdo da obra. Mas quem pausadamente a saboreia e estuda, certifica-se que o Doutor Seráfico expõe com mão de mestre, embora sucintamente, como a alma deve haver--se para com Deus e para com o próximo; o que quer dizer, nas suas relações mais importantes e graves.

A alma então terá em si uma base sólida sobre a qual poderá edificar, nutre-se de Deus uma ideia *altíssima, piíssima e santíssima* e se abraça a lei de Deus com *humildade, devoção e pureza*. As faltas à alma são refeitas pelo *arrependimento*, santo *temor* e santo *desejo*. Na convivência com o próximo devem resplandecer a *modéstia*, a *justiça* e a *piedade* em suas diversas formas. É este o resumo da lição eficientíssima do presente opúsculo.

Segundo o prólogo do códice, conservado no Vaticano, São Boaventura escreveu este tratado para a Princesa Branca, filha de São Luís, rei da França, casada com Fernando, filho de Affonso X, da Espanha.

Depois da morte do marido, Branca voltou para Paris, onde morreu.

A direção da alma

1

Antes de tudo, minha alma, é necessário que do bom Deus faças uma ideia *altíssima, piíssima* e *santíssima*. A isto chegarás por meio de fé inabalável, meditação atenta e lúcida intuição repassada de admiração.

1 *Altíssima* será a ideia que fazes de Deus se fiel, piedosa e claramente crês, admiras e louvas seu *poder* imenso, que do nada criou tudo e tudo sustenta; sua *sabedoria* infinita, que tudo dispõe e governa; sua *justiça* ilimitada, que tudo julga e recompensa; e se, saindo de ti e voltando de novo e elevando-te acima de ti, com todas veracidade cantas com o profeta: *Regozijaram-se as filhas de Judá pelos teus juízos, Senhor, porque Tu és Senhor altíssimo sobre toda a terra, Tu és sobremaneira exaltado sobre todos os deuses* (cf. Sl 97(96),8-9).

2 A ideia que fazes de Deus será *piíssima* se admiras, abraças e bendizes a sua imensa *misericórdia,* que se mostrou sumamente *benigna* em tomar a nossa natureza humana e mortalidade, sumamente *terna* em suportar a cruz e a morte, sumamente *liberal* em mandar o Espírito

Santo e instituir os sacramentos, principalmente comunicando a si mesmo liberalissimamente no Sacramento do Altar, para que de coração possas cantar as palavras do salmo: *Suave é o Senhor para com todos, e as suas misericórdias são sobre todas as suas obras* (cf. Sl 145(144),9).

3 A ideia que fazes de Deus será *santíssima* se consideras, admiras e louvas a sua inefável *santidade* e o proclamas, com os bem-aventurados serafins: *Santo, santo, santo!*

Santo quer dizer, em primeiro lugar, que Ele possui a santidade em grau tão elevado e com tanta pureza que lhe é impossível querer ou aprovar coisa alguma que não seja santa.

Santo, em segundo lugar, por Ele amar a santidade nos outros, de forma que lhe é impossível subtrair os dons da graça ou negar o prêmio da glória aos que na verdade conservam a santidade.

Santo, em terceiro lugar, por Ele aborrecer tanto o contrário da santidade, que lhe é impossível não reprovar os pecados ou deixá-los impunes.

Se desta forma pensas de Deus, cantarás com Moisés, o legislador da antiga lei: *Deus é fiel e sem nenhuma iniquidade, justo e reto* (cf. Dt 32,4).

2

Depois, dirige o teu olhar sobre a *lei de Deus,* que te manda oferecer ao Altíssimo um coração *humilde,* ao Piíssimo um coração *devoto,* ao Santíssimo um coração *ilibado.*

1 Um coração *humilde*, digo, deves oferecer ao *Altíssimo* pela *reverência* no espírito, pela *obediência* nas obras, pela *honra* nas palavras e nos atos, observando a apostólica regra e doutrina: *Faze tudo para a glória de Deus* (cf. 1Cor 10,31).

2 Um coração *devoto* deves oferecer ao *Piíssimo*, invocando em orações fervorosas, saboreando doçuras espirituais, dando muitas graças para que tua alma sempre mais a Deus *ascenda pelo deserto, como uma varinha de fumo, composto de aromas de mirra e de incenso* (cf. Ct 3,6).

3 Um coração *ilibado* deves oferecer ao Esposo *santíssimo,* de maneira que não reine em ti – nem nos sentidos, nem na vontade, nem no afeto, – algum prazer em deleites desordenados, desejo de coisas terrenas, nenhum movimento de maldade interna e, assim, livre de toda a mácula de pecado, possas cantar com o salmista: *Seja imaculado o meu coração nas tuas justificações, para que não seja confundido* (cf. Sl 119(118),80).

Reflete, pois, diligentemente, e vê se tudo isso observaste desde a juventude. Se a consciência te afirmar isso, não atribuas a ti mesmo, mas à mercê de Deus, e rende-lhe graças. Se, porém, achares que uma ou mais vezes, num ponto ou em alguns, ou talvez em todos eles, faltaste grave ou levemente, por fraqueza, por ignorância ou com pleno conhecimento, procura reconciliar-te com Deus com *gemidos inexplicáveis* (cf. Rm 8,26) e, para lhe mostrar a emenda, reveste-te do espírito de penitência, para que possas cantar com o salmista penitente: *Porque preparado estou para os açoites, e a minha dor está sempre diante de mim* (cf. Sl 18(37),18).

3

A *dor* da alma, porém, deve ter dois companheiros para que a purifiquem e aplaquem a Deus, a saber: o *temor do juízo divino* e o *ardor de interno desejo,* a fim de que recuperes pelo *temor* um *coração humilde*, pelo *desejo* um *coração devoto* e pela *contrição* um *coração ilibado*.

1 *Teme,* pois, *os juízos divinos*, que são *um abismo profundo* (cf. Sl 36(35),7). Teme, repito, teme *muito*, para que, embora de algum modo penitente, não desagrades ainda a Deus; teme *mais*, para que depois não recomeces a ofender a Deus; teme *muitíssimo*, para que no fim não te afastes de Deus, carecendo sempre de *luz*, ardendo sempre no *jogo*, jamais livre do *verme*.

Somente uma vida de verdadeira penitência e uma morte na graça da perseverança pode preservar-te desta infelicidade. Canta, pois, com o Profeta: *Traspassa com o teu temor a minha carne, porque temo os teus juízos* (cf. Sl 119(118),120).

2 *Arrepende-te* e tem cuidado por causa dos *pecados cometidos.* Arrepende-te, aconselho, arrepende-te *muito*, porque por eles aniquilaste todo o bem que de Deus recebeste; arrepende-te *mais*, porque ofendeste a Cristo, que por ti nasceu e foi crucificado; arrepende-te *muitíssimo*, porque desprezaste a Deus, cuja *majestade* desonraste, transgredindo as suas leis, cuja *verdade* negaste, cuja *bondade* afrontaste. Pelo pecado desonraste, desfiguraste e transtornaste toda a criação; porque pela rebeldia contra os divinos estatutos, mandamentos e juízos, abusaste de todas as coisas que, segundo a vontade de Deus, deveriam te servir: das criaturas, dos merecimentos alcançados, das misericórdias de Deus, dos dons gratuitamente outorgados e do prêmio prometido[7].

Depois de atentamente considerar tudo isto, *toma luto por teu filho único, chora amargamente* (cf. Jr 6,26); *faze correr uma como corrente de lágrimas, de dia e de noite; não te dês descanso algum, nem se cale a menina de teus olhos* (cf. Lm 2,18).

3 *Deseja,* contudo, *os dons divinos,* elevando-te pela chama do divino amor até Deus, o qual tão pacientemente te suportou nos teus pecados, tão longanimemente esperou, tão misericordiosamente te reconduziu à penitência, concedendo-te o perdão, infundindo-te a graça, prometendo-te a coroa, enquanto de tua parte lhe ofertaste – ou antes dele recebeste para lhe ofertar – *o sacrifício de um espírito atribulado, de um coração contrito e humilhado* (cf. Sl 51(50),19) por meio de sentida compunção, confissão sincera e satisfação condigna.

Deseja, digo, *muito* a *benevolência* divina por uma larga comunicação do Espírito Santo, deseja *mais* a *semelhança* com Deus por uma imitação exata de Cristo crucificado, deseja *muitíssimo* a *posse* de Deus por uma visão clara do Eterno Pai, para que na verdade cantes com o Profeta: *A minha alma arde em sede por Deus forte e vivo; quando irei e aparecerei diante da face de Deus?* (cf. Sl 42(41),3).

---

7. Trata-se do pecado mortal, que destrói os dons sobrenaturais.

4

Ora, para conservar em ti este espírito de temor, de dor e de desejo, *exerce-te externamente* numa perfeita *modéstia, justiça* e *piedade,* a fim de que, segundo escreve o Apóstolo, *renunciando à impiedade e às paixões mundanas, vivas sóbria, justa e piedosamente neste século* (cf. Tt 2,12).

1 Exerce-te numa perfeita *modéstia*, para que, segundo a doutrina do Apóstolo, *a tua modéstia seja conhecida por todos os homens* (cf. Fl 4,5). Exerce-te primeiro na *modéstia da parcimônia* no comer e vestir, no dormir e vigiar, no recreio e no trabalho, não excedendo a medida em coisa alguma.

Depois exerce-te na *modéstia da disciplina*, com moderação no silêncio e no falar, na tristeza e na alegria, na clemência e no rigor, conforme as circunstâncias o exigem e a sã razão o prescreve.

Finalmente, exerce-te na *modéstia da civilidade,* regulando, ordenando e compondo as ações, os movimentos, os gestos, as vestes, os membros e os sentidos, conforme o requer a educação moral e o costume na Ordem, para que merecidamente pertenças ao número daqueles aos quais o Apóstolo diz: *Faça-se tudo entre vós com decência e ordem* (cf. 1Cor 14,40).

2 Exerce-te também na *justiça*, para que te sejam aplicáveis as palavras do Profeta: *Reina por meio da verdade, da mansidão e da justiça* (cf. Sl 45(44),5).

Na justiça, afirmo, integra por zelo pela honra divina, por observância da lei de Deus e por desejo da salvação do próximo.

Na justiça regulada pela obediência aos superiores, pela sociabilidade aos iguais, pela punição das faltas dos inferiores.

Na *justiça perfeita*, de forma que aproves toda a *verdade, favoreças a bondade,* resistas à *maldade,* tanto no espírito como nas palavras e obras, não fazendo a ninguém o que não queres que te façam, não negando a ninguém o que dos outros desejas, para que imites com perfeição aqueles a quem foi dito: *Se a vossa justiça não for maior do que a dos escribas e fariseus não entrareis no Reino dos Céus* (cf. Mt 5,20).

3 Finalmente, exerce-te na *piedade,* porque, como diz o Apóstolo: *A piedade é útil para tudo, porque tem a promessa da vida presente e futura* (cf. 1Tm 4,7).

Exerce-te na *piedade do culto divino,* recitando as horas canônicas, atenta, devota e reverentemente, acusando e chorando as faltas quotidianas, recebendo a seu tempo o Santíssimo Sacramento e ouvindo todos os dias a santa missa.

Na *piedade, por meio da salvação das almas,* auxiliando, ora por frequentes orações, ora por instrutivas palavras, ora pelo estímulo do exemplo, para que *quem ouve diga: Vem!* (cf. Ap 22,17). Isto, porém, cumpre fazer com tanta prudência, que a própria alma não sofra prejuízo.

Na *piedade, por meio do alívio das necessidades corporais,* suportando com paciência, consolando amigavelmente, ajudando com humildade, alegria e misericórdia, para, desta forma, cumprires o mandamento divino enunciado pelo Apóstolo: *Carregue os fardos uns dos outros, e desta maneira cumprireis a lei de Cristo* (cf. Gl 6,2).

Para praticares tudo isto, o meio melhor, eu o creio, é a lembrança do Crucificado, a fim de que o teu Dileto, como *um ramalhete de mirra* (cf. Ct 1,13), descanse sempre junto ao teu coração.

Isto te queira prestar àquele que é bendito de todos os séculos dos séculos. Amém.

Série **Clássicos da Espiritualidade**

- *A nuvem do não saber*
  Anônimo do século XIV
- *Tratado da oração e da meditação*
  São Pedro de Alcântara
- *Da oração*
  João Cassiano
- *Noite escura*
  São João da Cruz
- *Relatos de um peregrino russo*
  Anônimo do século XIX
- *O espelho das almas simples e aniquiladas e que permanecem somente na vontade e no desejo do Amor*
  Marguerite Porete
- *Imitação de Cristo*
  Tomás de Kempis
- *De diligendo Deo – "Deus há de ser amado"*
  São Bernardo de Claraval
- *O meio divino – Ensaio de vida interior*
  Pierre Teilhard de Chardin
- *Itinerário da mente para Deus*
  São Boaventura
- *Teu coração deseja mais – Reflexões e orações*
  Edith Stein
- *Cântico dos Cânticos*
  Frei Luís de León
- *Livro da Vida*
  Santa Teresa de Jesus
- *Castelo interior ou Moradas*
  Santa Teresa de Jesus
- *Caminho de perfeição*
  Santa Teresa de Jesus
- *Conselhos espirituais*
  Mestre Eckhart
- *O livro da divina consolação*
  Mestre Eckhart
- *A nobreza da alma humana e outros textos*
  Mestre Eckhart
- *Carta a um religioso*
  Simone Weil
- *De mãos vazias – A espiritualidade de Santa Teresinha do Menino Jesus*
  Conrado de Meester
- *Revelações do amor divino*
  Juliana de Norwich
- *A Igreja e o mundo sem Deus*
  Thomas Merton
- *Filoteia*
  São Francisco de Sales
- *A harpa de São Francisco*
  Felix Timmermann
- *Tratado do amor de Deus*
  São Francisco de Sales
- *Espera de Deus*
  Simone Weil
- *Contemplação num mundo de ação*
  Thomas Merton
- *Pensamentos desordenados sobre o amor de Deus*
  Simone Weil
- *Aos meus irmãozinhos*
  Charles de Foucauld
- *Revelações ou a luz fluente da divindade*
  Matilde de Magdeburg
- *A sós com Deus*
  Charles de Foucauld

- *Pequena filocalia*
  Jean-Yves Leloup
- *Direção espiritual e meditação*
  Thomas Merton
- *As sete palavras do Cristo na cruz*
  São Roberto Belarmino
- *Tende o Senhor no coração*
  Mestre de São Bartolo
- *O Pão Vivo*
  Thomas Merton
- *O enraizamento*
  Simone Weil
- *Na liberdade da solidão*
  Thomas Merton
- *O sermão do Senhor na montanha*
  Santo Agostinho
- *A vida perfeita e A direção da alma*
  São Boaventura
- *A Árvore da Vida*
  São Boaventura
- *A elevação da mente para Deus pelos degraus das coisas criadas*
  São Roberto Belarmino
- *O sermão do Senhor na montanha*
  Santo Agostinho

Conecte-se conosco:

f   facebook.com/editoravozes

◎   @editoravozes

🐦   @editora_vozes

▶   youtube.com/editoravozes

🗨   +55 24 2233-9033

www.vozes.com.br

Conheça nossas lojas:

www.livrariavozes.com.br

Belo Horizonte – Brasília – Campinas – Cuiabá – Curitiba
Fortaleza – Juiz de Fora – Petrópolis – Recife – São Paulo

EDITORA VOZES LTDA.
Rua Frei Luís, 100 – Centro – Cep 25689-900 – Petrópolis, RJ
Tel.: (24) 2233-9000 – E-mail: vendas@vozes.com.br